本书出版得到“广西民族文化保护与传承研究中心”
建设经费资助

杨宁宁 主编

经济全球化背景下的广西民族文化传承与发展策略研究

JINGJI QUANQIUHUA BEIJING XIA DE
GUANGXI MINZU WENHUA
CHUANCHENG YU FAZHAN CELÜE YANJIU

GUANGXI NORMAL UNIVERSITY PRESS
广西师范大学出版社
·桂林·

图书在版编目（CIP）数据

经济全球化背景下的广西民族文化传承与发展策略研究／杨宁宁主编. —桂林：广西师范大学出版社，2015. 8
ISBN 978-7-5495-6836-9

Ⅰ. ①经… Ⅱ. ①杨… Ⅲ. ①民族文化－文化产业－研究－广西 Ⅳ. ①G127.67

中国版本图书馆 CIP 数据核字（2015）第 128271 号

广西师范大学出版社出版发行
（广西桂林市中华路 22 号　邮政编码：541001
网址：http://www.bbtpress.com）
出版人：何林夏
全国新华书店经销
广西民族印刷包装集团有限公司印刷
（南宁市高新区高新三路 1 号　邮政编码：530007）
开本：880 mm × 1 240 mm　1/32
印张：8　　字数：190 千字
2015 年 8 月第 1 版　　2015 年 8 月第 1 次印刷
定价：36.00 元

序

杨宁宁教授主持的《经济全球化背景下的广西民族文化传承与发展策略研究》(以下简称《策略研究》),思考的正是眼下人们普遍遇到的难题。全球化狂飙,对民族文化产生了空前的冲击,不用说民族文化的发展,就是民族文化的生存都成了疑问。且不说在广西,就是在北京,“回见”在年轻人当中就基本被“拜拜”所取代。但民族文化是民族的血脉,它是那么容易消失的吗?在杨教授的研究设计里,就没有民族文化虚无的理念,显示了她和她的团队的“文化自觉”。研究文化,“文化自觉”是最重要的前提,它承认民族文化的存在,心存民族文化的自豪。只有认识到民族文化的存在,才有可能产生“文化自信”;有了“文化自信”,才有可能实现“文化自强”,在传统文化的氛围中创新。

《策略研究》的可贵之处,首先是“文化自觉”的展示。全球化狂飙再猛,也不可能把大米饭和桂林米粉都吹掉,让广西人的餐桌上只摆奶油加面包片。于是,在《策略研究》里我们看到了壮侗语族民族的稻作文化,苗瑶语族民族的山地文化,三岛京族的渔业文化,汉族的以儒家文化为主体的多元文化。从文化的类型来看,涉及经济、服饰、民歌、戏剧、教育、传媒、网络、城市商贸、影视等,包含了传统的和延伸的文化形态。纵向由古及今,层次由浅入深。

本研究的可贵之处在于,与被文化混融状态迷惑的人不同,《策略研究》能够在广西文化的混融特点当中辨认出民族文化的地域风采。广西民族文化的混融状态源于本土的文化生长环境及历史演绎。按中华文化的板块结构理论,中华文化是由中原旱地农业文化圈(包括黄河中游文化区和黄河下游文化区)、北方狩猎游牧文化圈即森林草原文化圈(包括东北文化区、内蒙古高原文化区和西北文化区)、西南高原农牧文化圈(包括青藏高原文化区、四川盆地文化区和云贵高原文化区)、江南稻作文化圈(包括华中文化区即长江中游文化区、华东文化区即长江下游文化区、华南文化区即珠江流域文化区和闽台文化区)四大文化圈和十二个文化区组成的。其中,中原文化圈文明程度最高,成为中国的主流文化圈。另外三个文化圈都属于边缘文化区域,从中国东北、内蒙古、新疆、西藏、云南绕到广西,形成了一个⊂形围绕在中原旱地农业文化圈周围。从对比当中我们很容易看到,北方狩猎游牧文化圈和西南高原农牧文化圈的游牧文化和农牧文化,保存的文化形态比较鲜明;而江南稻作文化圈,除了桂西的百越如西瓯、骆越的后裔壮侗语族民族,长江中游文化区、长江下游文化区、闽台文化区和华南文化区经过两千多年的演化,绝大部分越人都已经加入汉族,只在汉语方言里感受到越人文化的存在。在中国,只有越人分布过的地方才有汉语方言。北方狩猎游牧文化圈和西南高原农牧文化圈的游牧文化和农牧文化为什么能够比较鲜明地保存?这主要与游牧文化和农牧文化的个性有别于农业文化有关。江南越人的文化为什么容易和中原旱地农业文化混融,是因为旱地农业文化和稻作文化都是农业文化,孕育的民族性格比较接近,故而容易相通,容易混融。正因为如此,广西的壮侗语族民族和苗瑶语族民族,于今在文化上和汉族已经相当融合,在混合的广西文化里,既有汉族文化,也有少数民族的文化。广西的饮食文化,已经分不出明显的民族特征来;甚至像壮侗语族民族的歌圩、歌坡、歌场,苗瑶民族和汉族也常参与。前几年我在贵港的一条小江边,就看到沿江绵延十几里的树林里竟然有三种歌圩，一种是壮族歌圩，一种是汉族歌圩，另一种是壮汉青年混同的歌圩，蔚为壮观。混融是广西文化的特点，以至于有的人就看不出广西文化里有少数民族的文化。我在南宁街上的公共汽车里，就常听到普通话、广东话、桂柳话、客家话和壮话，有时还会有瑶话和平话，这在中国其他省份是很难听到的。广西文化混融深到什么程度，可以去看蒲庙的一个庙宇，庙宇有三间，中间是汉族道教神，其右间是壮族师公教神，左间是佛教神，三种宗教的神祇在一个庙宇里和平共处，这在全国其他地方是找不到的，这是广西民族关系在宗教上的折射。正因为如此，广西的民族关系比较融洽。民族之间通婚自如，谁爱谁就嫁谁，不必顾虑到文化隔阂。广西文化的混融主要来源于稻作经济，以稻作农耕为中心的经济基础，在较早吸收了中原文化之后，逐步形成了文化的混融状态，这验证了马克思主义关于经济基础决定上层建筑的经典理论。此外，广西处于从中原到东南亚、从西南到东南的十字路口，长期受到多元文化的浸润，较少保守。但这种混融也容易使有的人产生误解，以为广西没有少数民族文化了。其实混融中有少数民族文化，还有部分文化个性依然存在，正如《策略研究》的简介中指出的，“广西是民族文化的富矿区”。这种理念对读者理解广西民族文化存在的特征，树立广西各族的文化自信，极有裨益。

《策略研究》最可贵的部分，是民族文化传承与发展的策略。在全球化背景下，不能依靠文化的自然混融就能够保护传统文化，要达到文化自强，就必须有相应的策略。《策略研究》不但展示了年轻人信息量辐辏的广泛程度和敢于超前的热情，而且在广西文化传承和发展的策略上，是符合中国实现小康社会的需要，符合时代趋势，符合中国社会主义初期阶段的国情和市场经济规律，符合文化的发展规律的。《策略研究》所设计的丰富的策略手段，都有重要的启示。针对广西文化传承中的悖论，《策略研究》提出了“构建两级传播模式”的对策，充分利用

“‘舆论领袖’的桥梁纽带作用”，这无疑击中了广西文化传承中的软肋：偏重于受过中高等教育层面的文化享受，对基层重视很不够。《策略研究》提出的建立民族文化开发利用的评价体系和评估机制，这是很有见地的建议。多年以来我们的文化开发，由于缺乏评估体系，以至于对开发对象的价值常常产生争议，一定程度上造成文化管理部门无所适从，无有作为，甚至产生开发的偏差或流产，浪费文化资源。由于广西少数民族文化出现古今断裂、文言断裂、上下断裂、内外断裂和学校教育传承断裂五大断裂，因之以“教育弥补缺失”是必要的。文化是一种比较复杂的结构，其中必有与新经济形态不相适应的部分，故而要“吐故纳新”，但要吐的是真正的“故”，纳的是真正的“新”，否则会把优秀的民族文化视为“故”而吐掉了。《策略研究》提出的传承理念和方法，包括“舆论领袖”传承、教育传承、新闻媒体传承、网络传承、摄影传承、展览馆传承等，都很有参考价值。还应当有节日传承、传统文化场域传承，田阳的布洛陀文化传承用的就是节日加传统文化活动场域的效应。用现代传媒手段传承传统优秀文化，这和当代科学的发展是相适应的。民族文化的发展离不开当代科学。人们曾经担心歌圩的延续，最近广西就出现了壮族网络歌圩。据《壮族网络歌圩研究》透露，壮族青年利用电脑网络平台，对唱情歌、祝贺歌、劳动歌、交通规则歌、计划生育歌、科普歌，趣意盎然。将壮族歌圩和现代网络紧密结合在一起，是民族文化和现代科学结合的成功显例，值得提倡。传统文化既要继承，又要和当代社会发展趋势和科学紧密结合，才能够获得新的生命。

总的来说，《策略研究》丰富和拓展了民族文化传承发展的理论体系和实践意义。引导和启发我们在经济全球化时代，思考如何在与强势文化的博弈中，将危机转化为机遇，创造资源优势互补、协调发展的良好态势，并在低碳经济时代达到文化传承保护、绿色环保与经济发展多赢的目的。《策略研究》在理论和实践上具有前瞻性和创新性，故对各级政府的文化管理部门、教育部门和文化产业经营者、新闻媒体、文化传承者，都具有一定的参考价值和实践意义。

是为序。

梁庭望

2014年元月15日于中央民族大学

目 录

绪　论

/杨宁宁/

《经济全球化背景下的广西民族文化传承与发展策略研究》是2011年度广西哲学社会科学"十二五"规划课题(项目批准号:11BXW008)。课题组成员主要由两部分人组成:一是专任教师,二是在读研究生。经过课题组成员历时两年半的辛苦劳动,课题按原定计划以论文集的形式顺利完成,并于2014年5月通过广西社科规划办公室组织的专家盲评审核验收,以良好等级结题。课题组成员又根据专家们的意见,对各自负责的部分进行修改,最后定稿出版。

一、课题研究基本情况

(一)课题缘起

本课题原名称为"经济全球化背景下的广西民族文化传承与发展策略研究:以《印象·刘三姐》为例",它是根据2011年广西哲学社会科学基金项目申报的课题指南中"广西民族文化传承发展与

《印象·刘三姐》”的题目扩展而来的。课题立项后，课题组成员开展研究时几次集中学习讨论，都感到仅就《印象·刘三姐》来做，会有较大局限，辐射面较窄，内容单薄，难以涵盖广西各民族文化的情况；去掉副标题，项目名称、指导思想和内容未受太大影响，又能更广泛深入地研究广西民族文化传承发展的策略问题，使课题成果内容更丰富，更厚重，覆盖面更广。于是向广西社科规划办公室申请变更课题，获得批准。

（二）课题研究意义

经济全球化（Economic Globalization）是指世界经济活动超越国界，通过对外贸易、资本流动、技术转移、提供服务、相互依存、相互联系而形成全球范围的有机经济整体。它的经济活动是跨民族国家疆界的，各民族国家的经济、市场、技术与通信形式都越来越具有全球化的特征，而民族性或地方性则在减少。

经济全球化使各国的贸易、投资、金融、生产等活动都具有全球性，它有利促进了各个国家，尤其是发展中国家经济的发展，推动了世界经济的增长。同时也加速了社会、政治、文化、军事等方面的全球化。可以说经济全球化是一把“双刃剑”，它在促进各国经济增长的同时，也带来对各国家民族文化的强烈冲击。

经济全球化会促使不同国家不同民族的异质文化发生交流、碰撞与融合，其结果是加速了世界文化的趋同化。这种趋同化体现于强势文化对弱势文化的蚕食和吞噬。为了缩短与经济发达国家的差距，发展中国家的人们都在主动自觉地学习和接受西方文化，这本无可厚非，但是许多人在接受西方文化的同时，抛弃或忘记了本民族的文化。例如在中国，从繁华都市到偏僻乡村，从大学博士到幼儿园小孩都在学习英语，人们都把懂英语看成是当今生活与生存的必备条件。而生活在都市里的少数民族却鲜有人主动自觉地学习或让自己的孩子学习本民族语言。于是在都市里会说本民族语言、了解本民族文化的人越来越少。

经济全球化加速了通信技术的发展和网络的普及，它改变了少数民族的生活方式、娱乐方式，也改变了少数民族文化的一些内涵和功能。例如过去许多少数民族的青年男女是在歌圩或各种民俗节庆活动中相识，以对歌来谈情说爱，以歌择偶的。如今少数民族村寨的青年男女谈恋爱的媒介大多被手机和网络所取代，他们不再唱情歌，而是借助手机和网络来传情达意。歌圩虽有，情歌仍有人唱，但歌者是在表演，听者是在欣赏。情歌已不再是青年男女恋爱的媒介了，它的功能作用和性质发生了改变。

民族文化随着时代的发展而发生改变已是不争的事实，经济全球化加速了这种改变，它使民族文化的传承发展面临巨大的危机和严峻的挑战。如何应对挑战，化解危机，找出解决的方法和对策，是本课题研究的终极目标和意义所在。

（三）课题研究现状

目前对这个论题学术界少有人涉足，未检索到一本这方面的论著，相近的有方铁、何星亮《民族文化与全球化》，缪家福《全球化与民族文化多样性》，李准《全球化浪潮中的民族文化》，中华孔子学会和云南民族学院编的《经济全球化与民族文化多元发展》。在中国知网上也未检索到这方面的文章，相近的文章有如下几篇：孙立梅《经济全球化与我国民族文化发展战略》，李宗桂《经济全球化与民族文化建设》，王德胜《经济全球化与弱势民族的文化困境》，霍俊国《经济全球化时代的民族文化与民族文学》，王子华《经济全球化与中国民族文化的多元发展》，侯宗华《中国民族文化与经济全球化》，罗丹阳《经济全球化背景下民族文化根脉的"种植与保护"》，肖月娥《论经济全球化与民族文化的多元化》，刘承伟《经济全球化与我国民族文化的发展》，李金蓉《经济全球化与民族文化发展》，孔令来《经济全球化与民族文化的路向》，王和兴《经济全球化与民族文化》，付冬毛《论经济全球化下民族文化的融通与发展》，吴碧英《论经济全球化背景下的民族文化发展与走向》等。

综观上述研究，一些学者已经关注到经济全球化对中华各民族文化产生的影响，但是面对这些影响，民族文化应该如何传承发展？应该采取哪些措施来积极应对？这是亟待解决的问题，很遗憾没有检索到这方面的研究。本课题的研究能够弥补这方面的缺失，具有很强的现实性和针对性。

（四）调研情况

课题组成员根据课题要求进行了广泛深入的调查研究。在两年半的时间里，课题组成员多次到南宁、桂林、柳州、河池、百色、崇左、北海、防城港等地做田野调查。成员深入到壮乡苗寨、瑶山侗岭、海岛渔村、民族博物馆、剧团进行调查、观察和深度访谈。调查访谈的对象有政府官员、文化工作者、教师、退休干部及专家学者，更多观察和访谈的对象是各民族村寨的村民、寨老、歌手、歌师、业余演员，民族生态保护中心的自愿者、个体经营者和学生。参加了当地学校和政府举办的各种节日庆典和文化艺术节，小的如武鸣县太平镇庆乐小学（壮汉双语教学）的文化艺术节，大的如融水苗族自治县、三江侗族自治县两县六十周年县庆及文化艺术节。观摩了不同民族、不同地区、不同级别、不同形式、不同类型的多场民族歌舞及戏剧表演。如阳朔的《印象·刘三姐》,三江侗族的《行歌·坐夜》,广西及南宁粤剧团的多场粤剧演出。也有业余和民间的表演,如宜州市业余彩调团、武鸣太平镇庆乐小学生的演出。再有就是到侗族村寨聆听歌师演唱的侗族河歌,走访侗族村寨的生态文化保护中心。深入的田野调查,使课题组获得了大量的第一手资料,开拓了成员的视野,丰富了课题组民族文化资料库的积累,为成员撰写课题论文收集了真实可靠的数据和材料。

(五)研究方法

1.文献研究法。通过对广西各少数民族历史、风俗、文学、艺术、教育等各种文献的研究,了解掌握广西各民族文化的"家底"情况及传承发展的情况,从中发现问题,有针对性地选择不同民族、不同地域、不同领域的专题进行研究,力求通过个案达到反映普遍问题的目的。

2.访谈法。访谈是获得第一手资料最有效的方法,与调查对象进行面对面的深度访谈,能更真实、更详细、更直接地了解民族文化的现状、传承发展的困境,以便更有针对性地找出应对的措施和办法。因此课题组成员对民族地区和旅游景区的村民、寨老、教师、歌师、演员、景区管理人员、民族生态文化保护中心志愿者、民族系统干部、退休人员、学生等作了大量的深度访谈,对当地民族文化保护的情况、传承发展和文化产业开发的情况有了较全面和深入的了解。

3.观察法。这是文化人类学和传播学都常用的研究方法。在进行田野调查时,对调查对象作深入细致的观察,观察了解调查对象的生活及文化活动的情况。如对平乐过山瑶、三江侗族歌师的观察，为课题研究获取丰富、翔实的第一手资料。

4.个案研究法。通过典型个案的研究分析，达到反映普遍问题之目的。如侗族河歌研究、苗族服饰研究、《印象·刘三姐》研究、广西民族博物馆研究、北海涠洲岛和京族三岛的研究都具有代表性和典型性。

（六）完成情况

课题组成员完成的论文得到学术界的肯定，共撰写论文 15 篇，大多数为作者独立完成，完成情况如下：

目前已发表论文 13 篇，已纳入刊出计划 2 篇，其中 3 篇发表于中文核心期刊民族学类的 B 级以上刊物，分别是：《传播学视域下民族文化传承发展新策略："舆论领袖"的桥梁纽带作用》《原生态与时尚元素的两难抉择：从彩调剧〈刘三姐〉到〈印象·刘三姐〉》和《论侗族河歌传承发展的现状与困境》。后两篇论文还分别参加了"2013 年中国少数民族文学学会年会"和"第十届多民族文学论坛"的学术会议，并在会上宣读，得到与会专家、学者的好评，文中一些观点和问题引发了专家学者的热烈讨论。其余文章均发表在省级以上刊物。另外，《关于广西粤剧传承与传播的思考》一文获第十届广西文联文艺评论优秀成果三等奖。

二、课题研究的主要内容

民族文化传承发展的问题，一直受到学术界的普遍关注。自二十世纪八十年代起，学术界热衷于研究民族文化与旅游的关系，并取得丰硕成果。近十年来随着民族文化产业开发的兴起,特别是张艺谋大型山水实景演出《印象·刘三姐》的成功推出,激发了人们对民族文化向产业发展的热情和兴趣,各地相继推出了各种民族文化的演艺产品,仅张艺谋就陆续推出了《印象丽江》《印象西湖》《印象大红袍》等。广西学界也开始着眼于民族文化与演艺结合、《印象·刘三姐》、民族文化的产业开发等问题的研究,同样取得了可喜的成果。如今,面对经济全球化的冲击,广西民族文化该如何传承与发展,成为我们迫切需要解决的新课题。我们课题的着眼点不是研究广西民族文化的历史,或是广西民族文化传承与发展的历程,而是研究民族文化传承发展"怎么做",即广西民族文化传承与发展的新路径,其具体可行的策略和建议,详述如下:

第一,研究广西民族文化传承发展的机制、模式与规律。《传播学视域下民族文化传承发展新策略:"舆论领袖"的桥梁纽带作用》将传播学概念"舆论领袖"借用到民族文化的研究中,利用"舆论领袖"在传播过程中的桥梁作用来观照民族文化的传承发展问题,提出"在少数民族文化与广大文化接受成员之间建立'舆论领袖'这样的机制来弥补大众媒介所造成的传播效果缺陷"。"构建两级传播模式,其实质就是在民族文化与文化接受者之间寻找能够沟通二者的'舆论领袖',即文化'诠释者'。他们对民族文化有深入的了解,是民族文化的载体,又能够与民族外部的其他社会成员交流沟通,向接受者诠释民族文化的深厚内涵,通过这样直接有效的人际传播达到传承发展民族文化的目的。"论文提出了建立"舆论领袖"培养机制的具体构想。《广西民族文化的现状及独特的传承模式:教育弥补缺失 旅游挖掘潜能》分析了广西民族文化既有缺失,又有潜能,提出文化传承需充分发挥教育与旅游的作用,即通过教育弥补民族文化的缺失,通过旅游挖掘民族文化的潜能,形成独具广西特色的传承模式。《吐故纳新是民族文化传承发展的必然规律:以平乐过山瑶为例》通过平乐县过山瑶经济与文化生活的发展变迁的案例,充分说明"吐故纳新"是民族文化传承发展的必然规律,民族文化如果不想成为历史的尘埃,就要不断地吸收新鲜力量,既传承本民族的优秀文化传统,又积极面对外面的新鲜文明,以批判吸收的原则,吐故纳新,才能够永远保持鲜活的生命力,使自己的民族文化不断发展。

第二,分析广西的博物馆与高校应发挥影像记录对于文化传承的作用。《博物馆如何利用纪录片传承民族文化:以广西民族博物馆为例》以广西博物馆近几年实施的"文化记忆"影像工程为例,通过对专业人员、村民、大学生以纪录片的形式,将民族文化真实、完整的记录下来的几个案例分析,探讨博物馆在承担民族文化传承重任的同时,如何吸纳和调动更多的民众参与到这一工作中,如何拓展更多的路径搞好民族文化传承的工作。用纪录片保护和传承民族文化是民族文化工作者传统的做法,这个工作过去一直由专业人员进行,《广西民族文化传承与发展的新策略:发挥纪录片教学的作用》探讨分析了当下大学生喜爱摄影,拍 DV 成时尚的现状,提出了将民族文化引入纪录片教学中,发挥大学生拍摄纪录片的主力军作用,引导他们自觉承担起民族文化传承的重任。

第三,讨论如何通过网络等大众媒介传播广西本土文化。《民族文化传承与发展的大众传媒渠道:以广西"刘三姐"文化为例》以"刘三姐"文化的大众传播渠道为案例,肯定了大众传媒对民族文化传承与保护所发挥的积极作用,探寻更多民族文化传承与发展的有效途径。青少年过去在民族文化传承发展的工作中处于一种缺失的状态,这其中既有兴趣的原因,也有认识了解的问题,《网络传媒在广西民族文化产业开发中的新应用:以青少年网络文化产品为例》以开发壮族民间故事《妈勒访天边》为网络游戏,开发彩调剧《刘三姐》为动漫的案例,探讨如何将网络传媒应用于民族文化的产业开发中,通过开发适合青少年的网络文化产品,达到传播民族文化,吸引青少年进入到民族文化传承的队伍中之目的。

第四,探寻广西传统戏曲的出路,以便更好地传承民族文化。《原生态与时尚元素的两难抉择:从彩调剧〈刘三姐〉到〈印象·刘三姐〉》针对当前民族文化产业开发中出现的民族元素流失,民族文化被损害的普遍问题,以彩调剧《刘三姐》和《印象·刘三姐》为案例,详细分析了从彩调剧《刘三姐》发展到《印象·刘三姐》,是壮族原生态的文化元素在减少,具有时代感的时尚元素不断增强,这种改变折射出当下民族文化在传承发展和产业开发中出现的矛盾冲突,提出了要根本解决这一瓶颈问题,必须建立起民族文化开发利用的评价体系和评估机制;既有详细的案例分析,又能抓住问题矛盾的实质,既有理论的分析论述,又有解决问题的建议措施。《关于广西粤剧传承与传播的思考》针对广西粤剧价值日益突显,但是传承与传播力度不够的现状,提出了建立理论研究队伍,鼓励大学生创作粤剧纪录片,开发粤剧电视或电台节目等途径的建议,有较强的现实性和针对性。

第五,提出歌师评级机制和侗歌传习馆等广西民歌发展的策略。针对侗族大歌受到人们较多的关注,但是反映侗族青年男女婚恋情歌的河歌,却鲜有人关注研究的情况,课题组成员在深入侗乡村寨田野调查的基础上,撰写了两篇文章。《论侗族河歌传承发展的现状与困境》分析阐述了河歌丰富的内涵,具有文学、艺术人类学和民俗学等多学科特点，指出河歌传承发展的现状堪忧：随着河歌歌者与听者关系变为表演者与观赏者，歌者身份由爱慕追求者变为场景再现的演唱者，其功能作用的改变，使河歌传承方式及传承场域也发生了改变，这些改变导致河歌原初的功能作用也发生改变。提出河歌传承最大的困境是河歌与歌师的流失，如果建立歌师评级机制和侗歌传习馆，可有效地扭转或缓解河歌的流失，使其得到更好的传承和发展。文章视角独特，以小见大，通过侗族河歌传承发展的现状与困境，观照我国各民族民歌传承发展存在的普遍问题，提出的解决方法和对策有一定的应用价值。《论广西民歌的传承与发展：以侗族河歌的传承机制为例》在对河歌的三次田野调查的基础上，根据非物质文化遗产、民俗学、传播学等理论，对河歌现存的活态传承机制从传承人、传承心理动机、传承场域、传承媒介、传承效果五个方面进行分析，提出了民歌文化传承与发展的策略，即保证在传承中的全面性和原生态性，具有一定的理论依据与实践意义。

第六，以民族服饰为切入点，挖掘广西民族文化发展的途径。《以民族文化个性化应对经济全球化：以苗族服饰为例》一文，思考了在经济全球化时代，民族文化作为弱势文化受到强烈冲击。文章以苗族服饰为例，总结分析了苗族服饰的优势、特点及对现代服饰的影响，对苗族服饰的未来发展提出了建议和具体措施：指出苗族服饰应以民族文化个性化应对经济全球化，不断挖掘和保护自身优秀的服饰文化，使其在传承中更好地发展。《苗族侗族服饰刺绣的文化人类学阐释：以广西融水、三江地区的苗族侗族为例》则从文化人类学的视角，运用历史文化比较法对苗族、侗族刺绣的相同与差异作了详细的比较分析，对两者背后折射出的民族历史、宗教、审美等文化内涵作了认真的解读和阐释，指出这是民族间相遇所产生的竞生与共生现象。

第七，探讨广西城市文化和旅游文化的发展思路。以往人们对民族文化的研究，常把关注的焦点放在田野和乡村，而忽略了城市的历史文化。《关于南宁中山路历史文化研究的思考》一文，关注南宁市中山路历史文化研究遇冷和欠深入的情况，指出南宁中山路历史文化研究对南宁城市发展有着积极意义，提出为了充分挖掘南宁中山路的人文底蕴，可通过整理现有资料、口述历史等方法进行深层次探讨。《低碳经济视域下的广西北部湾渔村文化旅游新构想：以涠洲岛、京族三岛为例》一文，以保护生态环境为前提，根据现代社会一些人渴望摆脱网络、手机困扰的心理诉求，为涠洲岛和京族三岛量身打造了以渔村文化为主要特色的集低碳、环保、生态为一体的渔村文化旅游新模式。

三、课题研究的创新与价值

（一）课题研究的创新

课题以经济全球化的新视角来观照广西民族文化传承与发展问题。从经济全球一体化和大众传媒时代的宏观视野来看，世界各国已经破除贸易壁垒，开放和高速发展的全球经济，带来了西方强势文化对弱势民族文化的冲击；而信息时代，网络等大众传媒的普及和发展，又给民族文化的传承与发展带来了诸多的机遇。在机遇与挑战并存之时，如何抓住机遇求发展，应对挑战作谋划，本课题在这方面作了认真思考和深入的研究，在案例分析和理论阐释的基础上提出了各种应对的策略、建议，有较强的针对性和一定的应用价值。

课题组成员绝大部分是年轻的博士、硕士，他们积极学习吸收各学科知识和理论，整合多学科理论和方法进行研究。他们思想活跃，观点新颖，对于如何更好地传承发展民族文化，提出了一些很有启发和见解的新观点、新建议。如借用传播学著名的“舆论领袖”概念，提出在民族内部与外部之间设立“舆论领袖”的新观点；如对民族文化产业开发，提出“必须注意保持每个民族鲜明的民族品质和民族特征，注意保持每个民族其文化的基本内涵和具有民族特质的文化元素”的观点；如利用纪录片传承民族文化，提出让少数民族村民及大学生参与纪录片的拍摄，使他们在参与中自觉、主动地成为民族文化的传承者和传播者。这些观点对解决民族文化传承中遇到的瓶颈问题有现实意义和理论意义。

课题针对性强。针对网络普及的信息时代，青少年具备了运用信息技术及网络系统的能力，提出大学生应承担起运用信息技术传承民族文化的重任，将玩弄 DV 的兴趣转到拍摄民族文化纪录片中，使他们自觉地保护、传承和传播民族文化；针对青少年喜欢网络游戏的特点，提出将民族文化开发成适合青少年的网络游戏产品，使青少年通过网络游戏认识、了解民族文化，民族文化也借此得到传播和发展；针对当前环境污染严重，社会倡导低碳生活的情况，提出了建设低碳经济的渔村文化旅游的新构想。

（二）课题研究的价值

课题研究视角新，辐射面广，涉及广西世居的壮、汉、苗、瑶、侗、京等多个民族的文化，内容从民族文化传承发展的机制、体制到传承人的研究,从大众传媒到网络游戏,从文学、戏剧到服饰,从旅游到低碳经济,从城市文化到渔村文化,整合多学科、多角度进行研究,具有较高的价值:

1.学术价值

第一,丰富和拓展了民族文化传承发展的理论体系和实践意义。让我们能够重新认识和思考民族文化保护与利用、传承与发展的关系;民族文化的产业开发对其传承的影响;政治、经济、环境等因素对民族文化传承发展的作用和影响等。

第二,引导和启发我们在经济全球化时代思考如何应对世界经济开放带来的对弱势文化的冲击,重新思考作为弱势文化的广西民族文化,如何在与强势文化的博弈中,将危机转化为机遇,创造资源优势互补,协调发展的良好态势;在低碳经济时代,努力探索、研究广西如何化劣势为优势,利用原生态的民族村落与民族文化,开发环保、节能的生态文化旅游产品,达到文化传承保护与经济发展双赢的目的。

第三,丰富与充实了在信息时代,大众传媒的介入对民族文化的传承与传播起着重要影响的理论学说,民族文化与现代网络技术及青少年的三者结合,将极大地提升民族文化传承发展的水平,并且会有质的提高和飞跃。

2.应用价值

第一,对各级政府和民族、文化部门在制定政策和解决民族文化等相关问题时,提供一定的帮助和参考。如对民歌和歌师流失与消亡的问题,提出了建立歌师评定制度和建立民歌传习馆的建议。针对民族文化在传承发展中受阻和断层的现象,提出了在民族聚居区设立"舆论领袖"的做法和建立"舆论领袖"的培养机制,政府应在民族聚居区对具有民族文化知识和技能，又愿意献身民族文化事业的“舆论领袖”，在公务员招录和事业单位的招聘中给予政策上的优惠等建议。

第二，为文化部门和企业经营者对民族文化的产业化开发提出了许多积极、建设性的意见、建议，为企业发展和文化部门的决策提供帮助。如针对服装界将民族服饰与现代设计理念相结合，打造出既时尚又具有民族元素的现代服饰的情况，提出了民族服饰的产业化开发应树立品牌意识。针对民族文化在产业开发中出现被损害及破坏的现象，提出了建立民族文化产业开发的评价体系和评估机制，使民族文化的开发、利用和改造能够合理、适度、有序、规范。

第三，为教育部门在民族教育、特色教育上提出了一些有见地、操作性强的建议。如针对广西民族地区民族文化缺失的现象，提出了通过学校教育、家庭教育、社区教育、移民（少数民族的流动人口）教育来弥补其缺失。针对设立民族文化诠释者——舆论领袖机制，提出民族地区高校应担当起培养“舆论领袖”的重任。提出应将民族语言、民族文化的教育引入到民族地区的小学、中学、大学的教育中，使学生们在了解民族文化的同时，自觉担当起民族文化传承的重任。

第四，为媒体等部门传承和传播民族文化提出了各种建设性意见。如充分利用大众传媒的展示平台，开发戏剧的电视节目和广播节目，以促进戏剧的传承发展。将拍摄民族文化纪录片推广普及到民族村村民和大学生群体，让更多的人通过这项工作，参与到民族文化的保护、传承事业中。针对网络游戏的主体为青少年的情况，提出将民族文学及文艺作品开发成网络游戏、动漫等文化衍生产品，使青少年在游戏娱乐中了解民族文化，喜欢民族文化，以促进民族文化的普及和发展。

四、反思与不足

(一)反思

课题组成员在各民族地区进行田野调查时,为广西民族文化的丰富多样而惊叹,也为很多民族文化濒临失传感到焦虑和不安,更为许多少数民族的教师、退休干部、村干、村民积极主动地保护传承民族文化的热情和努力而感动,但是也有一些问题值得我们反思。

1.民族聚居区的民众保护、传承民族文化的意识高于民族杂居区,也高于一些基层干部。像武鸣、宜州、三江、融水的壮、侗、苗族村民非常热爱本民族文化,对民族文化的保护、传承体现在他们积极自觉、主动自发和自愿的行动上。如融水苗族自治县各村寨村民自愿捐钱组建芦笙队,几乎各乡、村都有自己的芦笙队,男女老少都积极参加芦笙队的排练演出活动。宜州市活跃着200支业余彩调剧团(一个团一般10多人),其运转的经费来源,一靠演出收入,二靠演员自己补贴,少部分靠企业赞助。

另一方面,一些民族杂居地的村民对本民族历史和文化不甚了解,更谈不上自觉主动地保护和传承。一些基层干部对民族文化传承发展的重要性认识不足,习惯于完成上级交办的任务,如在民族节日庆典或项目工程建设时积极性高,投入精力大。但是,完成工程之后,对工程项目的后续发展和保护过问较少,使一些民族文化建设工程得不到很好地运转,甚至荒废。

2.民族地区民族文化的保护、传承工作较过去相比,已有很大程度的提高。体现在政府有投入、村民有了自觉保护的意识。但是，实际需求与政府投入有很大差距，致使一些地方民族文化的修复、保护工作未有起色。这种情况在民族杂居区和非旅游景区更为突出。

3.民族文化传承发展的工作，有些地方有形式大于内容的现象。如有的县、乡虽有民族博物馆或民族生态文化保护中心，但是漂亮的展馆展示的东西单薄，内容少，实物也少。原因在于这些博物馆专业人员少，编制被非专业人员占用，所以无法正常地开展对民族文化的收集、整理、修复等工作。

（二）研究上的不足

反思整个课题研究，虽有不少收获，取得一定成绩，但是由于受经费、时间等因素的影响，也有一些不足和遗憾，主要体现有：

1.对广西人口较少的少数民族如仫佬族、仡佬族、毛南族、水族、彝族等民族文化未能涉及。这几个少数民族的文化和民俗风情都非常有特点，有的民族文化近几年得到挖掘、整理和保护，传承较好，有的已出现与其他民族融合的情况。经济全球化对这些少数民族文化的影响和冲击更大，所以本课题没有观照他们的文化是非常遗憾的。

2.对广西民族文学研究不够，尤其是广西的当代民族文学的研究未有涉及。课题组成员都是从事文学教学和研究的专业人士，本应把经济全球化背景下广西当代民族文学应该如何发展作为研究的一个部分，但在研究中出现了顾此失彼的情况，课题成果中有几篇涉及广西民族民间文学内容，而当代民族文学没有论及，这是本课题研究的不足。

在经济全球化与网络普及的时代，民族文化的传承与发展面临极大挑战，广西民族文化当然也不例外。如何在保留传统精粹的前提下发扬创新民族文化，成为我们亟待解决的问题。本课题正是针对当前民族文化在传承发展中出现的实际问题，提出了一些可行的建议，包括具体的做法和措施，体现了一定的现实意义及应用价值。希望本书的出版能够在广西文化建设中发挥到实际作用，这是课题组全体成员最大的愿望。

传播学视域下民族文化传承发展新策略

——“舆论领袖”的桥梁组带作用

/王颖/

[摘　要]　舆论领袖，是保罗·拉扎斯菲尔德在其著名的两级传播理论中提出的一个非常重要的概念。把这一概念借用到民族文化的研究中，我们发现它给关于民族文化的传承发展问题带来了一些新的思考和路径，舆论领袖在文化传播活动中能够使民族文化更准确清晰地被受众所认知和接受，是民族文化传承发展的桥梁和纽带，对民族文化的广泛深入的传播和发展具有极其重要的现实意义。

[关键词]　舆论领袖　民族文化　传承　发展

民族文化传承发展问题历来都备受专家学者的关注，如何使民族文化在经济全球化飞速发展的今天能够更好地被保护和传承下来，并使其能在被主流文化和外部时尚文化因素不断冲击和同化的环境下完成自身的时代发展，是民族文化研究的重点。把传播学领域里的“舆论领袖”概念借用到民族文化的研究中，利用“舆论领袖”在传播过程中的桥梁作用来观照民族文化的传承发展问题，给我们的研究带来了一些新的启发，为进一步改善和解决民族文化的传承发展现状提供了更广阔的思路。

一、"舆论领袖"对民族文化传承发展问题的理论观照

舆论领袖(Opinion Leaders),是社会学家保罗·拉扎斯菲尔德(Paul Lazarsfeld)[①]在1940年针对当年的美国总统选举进行的调查研究中提出的两级传播理论(The Two-step Flow Theory)中的一个重要概念。在理解这一概念之前,我们先要了解两级传播理论是什么。拉扎斯菲尔德在对总统选举调查中做了这样一个假设性的结论:观点总是先从大众媒介传播到舆论领袖,再由舆论领袖扩散给其余的选民大众("That ideas often flow from radio and print to opinion leaders and from these to the less active sections of the population.")。[②] 这一假设被拉扎斯菲尔德和他的同事等人进一步运用于更普遍的大众传播研究中,把其余的选民大众(the less active sections of the population)扩展为全体公众(the public),概括出两级传播理论,并在1948年出版发行的《人民的选择》[③]中第一次详尽阐述了这一理论。这一理论可用如下图示[④]来直观地解释:

---

① 保罗·拉扎斯菲尔德(1901—1976),传播学四大先驱之一,著名的社会学家,两级传播理论创始人,生于奥地利,曾在维也纳大学获得数学哲学博士学位,后定居美国。

② [美]威尔伯·施拉姆、威廉·波特:《传播学概论》,北京:北京大学出版社,2007年,第110页。

③ 在1940年美国总统大选期间,拉扎斯菲尔德等人对美国的一个县选民进行访谈,并对他们的宗教信仰、党派倾向以及使用媒介的习惯等作出分类,据此探究选民政治态度的形成及其变化的规律。八年后,拉扎斯菲尔德等人在这项研究的基础上发表了这部专著,并在里面首次详尽阐述了两级传播这一著名传播学理论。

④ 该图表选自李彬《传播学引论》,北京:新华出版社,2003年,第151页。

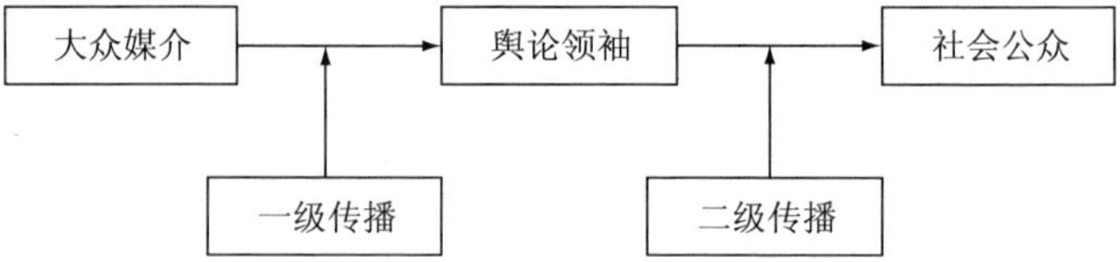

这幅图简单直观地诠释了两级传播理论的内涵,也较为清楚地展现了所谓的舆论领袖在两级传播中所起的的中介性作用。需要指出的是,两级传播理论是在结合人际影响和媒介效应的基础上得出的结论,“第一级的传播即从大众媒介到舆论领袖,这一级的传播属于大众传播;第二级的传播即从舆论领袖到社会公众,这一级的传播属于人际传播”①。而两级传播理论着重强调的是第二级的人际传播的意义。

结合上述对两级传播理论的简单诠释,我们可以了解到,所谓的舆论领袖,就是“在传播活动中表现活跃的一小部分人,他们对某方面的事态发展比较关心,比较了解,因此能向身边那些广大的公众群体提供这方面的有关信息,并对此作出相应的解释”②。也就是说,舆论领袖在大众媒介与社会受众之间具有传输信息、解释信息的中介作用,是沟通和维系大众媒介与广大受众他们之间传播关系的桥梁和纽带。那么,传播学中的“舆论领袖”概念与民族文化的传承发展问题之间又有着怎样的关联呢?

传播是“社会信息的传递或社会信息系统的运行”③。文化传承发展实质就是文化信息的传递或文化信息系统的运行,属于文化传播范畴。“文化传播表现为纵横两种形式:文化的纵向传播是同

① 李彬:《传播学引论》,北京:新华出版社,2003 年,第 151 页。

② 李彬:《传播学引论》,北京:新华出版社,2003 年,第 150 页。

③ 郭庆光:《传播学教程》,北京:中国人民大学出版社,2011 年,第 4 页。

质文化在体系内部的积累、传递和创新的过程；文化的横向传播是不同文化间互相接触、碰撞、排斥、吸收的过程。”①文化的传承属于体系内部的同质传播，是一种纵向的垂直传播，民族文化传承的过程其实就是一个民族内部的人民交接棒似的向下传播其文化信息的过程；文化的发展则在很多情况下需要与外界其他异文化进行交流并互相影响，在一定程度上属于文化的一种横向传播。也就是说，民族文化传承发展其实也是传播的一种形式，是和其他信息传播过程同性质的一种特殊的传播形式。因此，用属于传播学研究成果之一的两级传播理论来观照民族文化传承问题，把属于两级传播理论中的“舆论领袖”这一概念引进民族文化传承发展的研究领域中，对深入了解和解决有关文化传承发展的问题具有重要的现实指导意义。

两级传播理论观照文化的传承发展，首先需要做些假设：把民族文化传承发展中的“民族文化”假设为两级传播理论中的“大众媒介”，把民族文化传承发展中的“受众”假设为两级传播理论模式中的“全体公众”，把民族文化传承发展中的“诠释者”假设为两级传播理论模式中的“舆论领袖”。见图示：

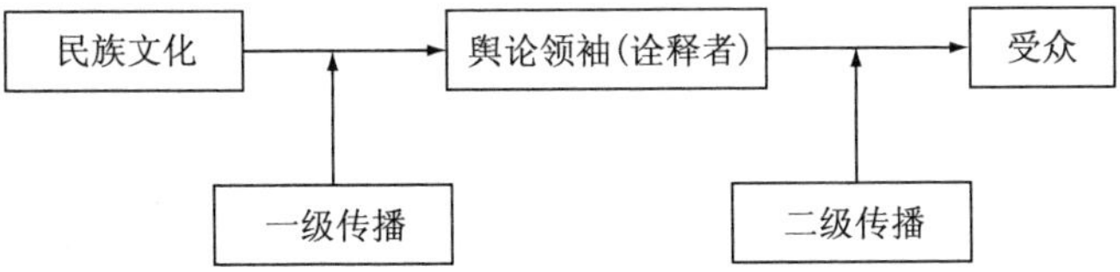

在这个文化信息传播的过程中，由于少数民族成员对自己的文化更具有认同感和归属感，有更深入去了解其民族文化的意愿和可

① 何波：《双语教育的文化解释》，见夏铸、谭志松主编《全面提高民族教育质量，促进民族文化传承与发展》，北京：民族出版社，2010年，第454页。

能，所以我们定位的“诠释者”，首先应该是具有少数民族身份的，对本民族文化有着深入了解和认知的，并能够与其他族群或者说广大受众畅通交流，即能够承担民族文化纵向和横向双重传播使命的文化载体人。当然，这是我们对这一文化传播活动能够顺畅运行的一种构想，在现实情况中，这种能够连结民族文化和受众的“诠释者”真的存在吗？

二、“舆论领袖”在民族文化传承发展过程中的存在状况

过去民族文化的传承发展大部分情况下都是在本民族内部展开，随着经济全球化和文化交融现象的不断扩大，社会的发展以及人们关于生活各方面需求的提高，这种单一的封闭的模式从外部遭到了很大的冲击，在这种外来力量的影响下，少数民族文化内部对于打破这种落后的传统的模式也有着被动的却强烈的渴望。在经济全球化时代这种“引进来”和“走出去”形势的感召下，民族文化的传承和发展在面对机遇的同时也遭遇了空前的挑战：首先，就少数民族内部而言，大量青年知识分子的外出求学以及农民工的大量外流，使得他们与自己本民族的文化不断疏离，甚至在外界时尚流行文化元素的影响下，认为本民族的文化显得迂腐落后，所以本应该承担着传承发展民族文化责任的群体却对自己本民族的语言、习俗知之甚少。其次，在以旅游业为主的商业因素的刺激下，这些少数民族文化不断以产业化的包装过的面貌面向社会大众，使得那些去观览或学习这些地域边缘文化的外来群体，很难真正辨认和理解这些已经被包装过的民族文化。所以旅游业虽然刺激了当地经济的发展和繁荣，却鲜有能推动大众去真正了解民族文化的作用，更

不用说让主流文化给民族文化让出所谓的发展空间了。

在这种现有背景下，我们考察民族文化传播活动，发现这一两级传播活动中“诠释者”的角色定位出现了一种悖论或者说错层的现象：那些对本民族文化有着深入了解的人，通常是土生土长在本地区的上了年纪的老人，他们能够很好地吸收和接纳民族文化，也就是在民族文化这一两级传播活动中，能够很好地完成一级传播这一过程，但是这些本土老人大都很少受过教育，他们在向其他外族受众传播本民族文化时会存在很多障碍，在两级传播的二级传播活动中不能够有效与受众交流，不能使传播达到预期效果。而那些受过高等教育，能够流利使用普通话或其他通用语言的少数民族人才，他们在与广大受众交流沟通方面不存在任何障碍，可以顺利完成向受众传播信息的二级传播活动，但因为他们长期背离家乡，受其他文化的影响很深，对自己本民族的文化又没有很深入了解，所以在接受本民族文化这第一级传播活动时遇到诸多阻力，不能够有效地完成从民族文化到“舆论领袖”再到受众这一两级文化传播活动。这一现象用图示更直观：

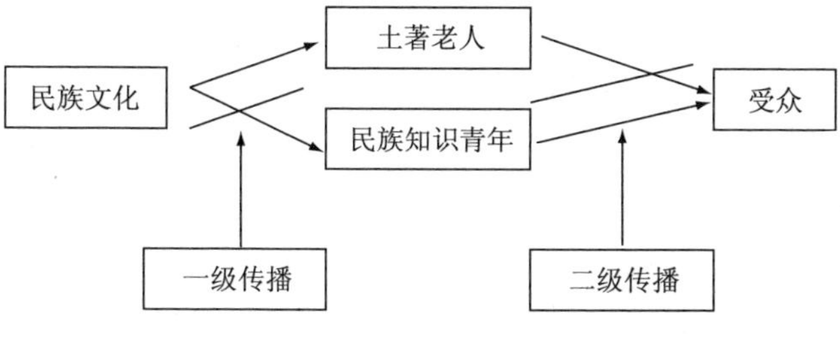

这种角色不同一的悖论现象使民族文化传承发展这一文化传播活动不能有效畅通地进行，是民族文化传承发展陷入困境的重要原因。为此，如何切实采取一些措施，完善民族文化传承发展这一两级传播活动，是民族文化传承发展亟需解决的问题。

三、建立“舆论领袖”培养机制的必要性与现实性

两级传播理论是在结合人际影响和媒介效应的基础上得出的结论。“通过人际关系的传播与通过媒介组织的传播，是两种主要的传播类型。二者相互作用，相辅相成，共同编织起人类社会的信息网络。但在传播的效率上，大众媒介远非人际渠道所能相比。”①大众媒介传播自然有它传播信息多，传播速度快，传播面积广等方面的优势，但是人际传播的优势在于人们通过这种“生活中最直观、最常见、最丰富的传播现象”②能够获得意义更丰富复杂的信息，能够及时地进行双向反馈，更便于接受者熟知和掌握发送者传输的信息。毋庸置疑，对于深入了解民族文化使其更完整地被传承发展这一问题，人际传播有其不可忽视的绝对性优势地位，所以在利用大众传播媒介的同时，也要重视和发挥人际传播的作用。

“民族文化是一个内容丰富的整体，包括知识、信仰、艺术、道德、法规、习俗乃至各种习惯，反映着本民族成员的思维方式、价值取向、理想人格、伦理观念、国民品性等属于‘深层结构’的东西。”③少数民族文化与普通大众生活的文化圈有着这些文化背景上的差异，使得它的文化信息在大众传播的时代很难通过大众媒介的传输，直接被生活在主流文化圈的其他社会成员所了解和接受，传播过程因为语言和习惯的不同而鲜有效果。所以构建两级传播模式，在少数民族文化与广大文化接受成员之间建立“舆论领袖”这样的

① 李彬：《传播学引论》，北京：新华出版社，2003 年，第 149 页。

② 郭庆光：《传播学教程》，北京：中国人民大学出版社，2011 年，第 71 页。

③ 陈玉峰：《论全球化背景下民族文化的发展》，《前沿》2010 年第 16 期。

机制来弥补大众媒介所造成的传播效果缺陷,使人际传播充分发挥在传播效果上的优势,是在大众传媒时代传承发展民族文化的必由之路。

构建两级传播模式,其实质就是在民族文化与文化接受者之间寻找能够沟通二者的“舆论领袖”,即文化“诠释者”。他们对民族文化有深入的了解,是民族文化的载体,又能够与民族外部的其他社会成员交流沟通,向接受者诠释民族文化的深厚内涵,通过这样直接有效的人际传播达到传承发展民族文化的目的。由于现实情况中这种“诠释者”角色定位出现的悖论现象,使得这种文化两级传播活动无法有效进行,针对这一现实性问题,积极有效地建立“舆论领袖”培养机制对构建文化两级传播模式,解决民族文化传承发展问题具有极其重要的现实性与必要性。

四、建立“舆论领袖”培养机制的策略性构想

“舆论领袖”是民族文化传承发展的文化“诠释者”,要培养这些诠释者,首先要根据它的含义和作用来规范人群。我们所定义的文化“诠释者”应该是具有少数民族身份的,因为他们更有民族认同感和民族感情,比其他社会成员更容易熟悉和了解本民族的情况,所以,培养这样的“舆论领袖”应该从少数民族内部着手。

(一)民族地区的中小学相关教师及其他相关知识分子

培养民族文化“舆论领袖”,首先应该从中小学相关教师群体入手,他们与教育工作有着最直接的联系,受其教育的群体也是最应该了解民族文化知识的青少年,所以教师群体是传播文化的最有效

的人群，同时他们又有一定的知识积累和文化素养，是能够承担民族文化传承发展人角色的最佳群体。此外，民族民间艺人和在社会上担任着与文化有一定关联职务的少数民族知识分子，比如民族地区的图书馆、文化馆、博物馆、科技馆、群众艺术馆等内部从业人员及民族地区的旅游从业人员等，他们与外界有着千丝万缕的关于文化交流方面的联系，本身又经常与民族文化接触，因此也是适合担任民族文化“诠释者”的人群。培养这些群体比一般社会成员可能需要的时间更短，见效也更快，对于迅速有效地改变民族文化“舆论领袖”缺失现状也有着绝对的优势。

从这些已经有一定文化阅历和知识积累的成人群体中培养民族文化传承发展人，建立“舆论领袖”培训机制进行成人再教育是最直接也最有效的方式。

首先，在这个培养机制中，民族地区的大学，尤其民族院校必须承担起积极的作用。“到目前为止，我国已设置民族大学 13 所，民族地区有高等院校 100 多所”①，充分调动这些院校可以利用的物质和人文资源，例如广西民族大学就有壮学、瑶学研究中心，有专门研究培养民族问题的民族学与社会学学院，有一批长期从事少数民族研究的专业研究人员，他们已经取得很多研究成果，这些资源为培养民族文化诠释者提供了大量的优势条件。也就是说，由政府拨款，“充分整合民族资源优势，搭建民族人才培养平台”②，把那些对自己本民族文化有极大热忱的成人知识群体组织到民族地区的大

① 王德广：《民族高校在建设高等教育强国中的使命》，见夏铸、谭志松主编《全面提高民族教育质量，促进民族文化传承与发展》，北京：民族出版社，2010 年，第 118 页。

② 吴大华：《论民族院校在民族文化传承中的地位和作用》，见夏铸、谭志松主编《全面提高民族教育质量，促进民族文化传承与发展》，北京：民族出版社，2010 年，第 210 页。

学中，让他们有机会再系统学习了解本民族的历史文化等情况。

其次，民族大学以培养民族文化“舆论领袖”为教学目标，根据受教育者的实际学历情况，设置培训机制的教学课程和任务，并调动研究民族文化的专家学者，承担起对这批学员的教育和培养工作。

最后，这些从“舆论领袖”培训机制中学成回归岗位的中小学教师及其他知识分子，要在自己的工作岗位上充分发挥民族文化“诠释者”的作用，把了解和掌握的民族文化知识传播给需要的受众，为传承发展本民族文化贡献自己的力量。

（二）民族青少年和儿童

民族文化两级传播活动中“舆论领袖”角色的缺失，很大一部分原因是本该承担传承发展民族文化任务的青年一代，对于自己本民族的文化却了解不多甚至全然不知。但其实青少年及儿童群体是学习知识的最佳人群，就语言的学习来说，“儿童习得语言的能力是奇妙的，无论多么抽象复杂的语言，无论文化背景、语言环境如何，每一个儿童都能容易、迅速地掌握语言”[①]。因此，从小有意识地培养他们对自己本族文化的热忱和自信心，让他们了解和掌握本民族的文化，是传承发展民族文化迫切的要求。

现阶段有一些少数民族聚居地区已经认识到了这一问题并采取了一些措施，例如广西壮族自治区南宁市武鸣县太平镇庆乐村的庆乐小学，这个被誉为“壮乡文化传承基地”的小学，实施的就是壮汉“双语”教学，学校贯彻“以壮为主，壮汉结合，以壮促汉，壮汉兼

① 王鉴主编：《中国少数民族教育政策体系研究》，北京：民族出版社，2011 年，第 204 页。

通"的语文教学方针，旨在培养"壮乡新人"。这种在小学实施的"双语"教学方针，对于传承发展民族文化的确有着重要的意义，但值得思考或忧虑的是，这些在小学被培养的"壮乡新人"后来怎么样了呢？纵观当今的教育现状，民族性中学在教育体制中的缺失使得这些已经开始被有意识培育的"壮乡新人"丧失了现实意义。

我们必须清楚地认识到，培养文化传承发展人必须是一个长期的持续性的教育过程，既然培养人才需要有小学—初级中学—高级中学—大学这样的链条式递进过程，那么对旨在培养"壮乡新人"的教育目标来说，只有小学阶段的"双语"教学还远远不够。所以，建立从小学到大学那样的一条龙式的民族性学校，制定专门的民族文化知识教材，形成并普及民族文化知识人才培养体系，是从根本上培养民族文化"舆论领袖"的迫在眉睫的要求。

我们所要建立的民族性学校要采用多语言教学模式，要能够一手抓主流文化教育，一手抓民族文化教育，是旨在为民族文化传承发展这一文化传播现象培养文化"舆论领袖"的、具有民族特征又不失时代特色的新型学校。它具有适应时代发展和民族特色的开放式办学理念，而不是一味地把学生隔离在纯粹民族文化学习氛围中的封闭式教育机构。

需要指出的是，建立一条龙式的民族性学校并不是要民族地区的孩子全部进入到这样的学校，而是在提供更多机会的基础上让对本民族文化有兴趣和热忱的学生家庭拥有更多的择校选择，使选择进入此类学校学习的民族青少年及儿童被有意识地培养成未来本民族文化的"诠释者"。

（三）民族地区村寨的寨老或有威信的长者

从这些年迈的长者中再培养文化诠释者已经失去了现实的可行性，但是我们必须要认识到，对于协助培养民族文化“舆论领袖”这一工作，这些寨老和长者有不可取代的现实存在价值。从民族文化内部传承来讲，他们可以充分发挥对民族文化熟知了解的优势，帮助“舆论领袖”一起了解和传播这些珍贵的非物质财富。所以，引导启发这些长者寨老，使其协助“舆论领袖”更好地熟悉本民族的文化，是我们能够从更深入的源头探究民族文化传承发展的有效方式。

这里的引导启发，主要指的是引导启发这些村寨寨老树立对自己民族文化的重新尊重和自信心。随着社会主流文化对少数民族文化的不断侵蚀，青年人群对自己民族文化的不了解甚至轻视，都在一定程度上打击了这些土生土长的、深受民族文化影响的民族老人对自己原本坚持的文化的自信心。那些养育了他们并带给他们足够生活经验的文化，现在却被后代认为是落后的、腐朽的，甚至是有点愚昧迷信的，他们在失落的同时也对这些文化产生了些许疑惑，这疑惑使得他们不愿意再多深入去谈及，这些因丧失信心而三缄其口的现象也使得民族文化的传承发展遭遇了瓶颈。

树立对民族文化的自信心，要从尊重开始。要采取各种有效措施使民族文化得到尊重和重视，各少数民族聚居地政府要不遗余力地发展本地区民族文化，树立群众对本民族文化的自信心，积极举办丰富多彩的民族文化活动，例如可以定期举办民族文化知识竞猜活动，在丰富人民群众的精神文化生活的同时，寓教于乐地扩展他们的民族文化知识。只有让这些已经渐渐被人们遗忘和忽视的民族文化重新被认可和重视，让那些被认为是愚昧落后文化的持有者重新被尊重，才能调动那些有威信的寨老的积极性，使他们自主地自信地去讲述他们的生活经验和知识，把民族文化一代代传承下去。

当然，我们对少数民族文化的保护和传承，是要批判性地、有选择地继承和发扬，取其精华去其糟粕，把那些千百年来沉淀下来的、有利于丰富民族文化民族生活的文化精华保护并传承下来，并在文化不断发展的今天赋予其新的时代特征。

五、社会和政府对培养“舆论领袖”应给予的价值定位和政策支持

要有效地实施构建两级传播模式和培养“舆论领袖”机制的措施，还必须得到社会和政府的广泛关注与大力支持。

社会必须认识到这一措施对保护、传承和发展民族文化的重要价值，对建设社会主义丰富多彩文化内容的重要意义，积极主动参与到这一行动中去。对于建立一条龙式民族性学校来说，就可以广泛吸纳社会有志之士的支持和帮助，通过募捐和赞助的方式来帮助这些学校完成建设。那些与文化有关的单位也应该多鼓励和支持员工参加“舆论领袖”成人再培训教育。

成功构建两级文化传播模式，使“舆论领袖”培养机制有效实施，除了社会的广泛关注，更重要的，还需政府提供必要的政策支持。从建设方面来说，政府要大力支持推广民族性中小学的建设，调动政府和社会的财政与人力资源，鼓励有志之士参与到学校的建设中去，同时加强力度推进民族地区中小学教师和其他知识群体加入到再教育培训中来，支持协助民族地区大学开设民族“舆论领袖”

培训机构，利用政府决策的权威性、强制性、鼓励性特点，全面推动民族文化两级传播模式和“舆论领袖”培育机制的构建。

除此之外，如何保障这些已培育好的“舆论领袖”即文化“诠释者”能够在社会上发挥传承发展民族文化的作用，以及如何有效鼓励民族人群积极参与到这一政策中来，都是政府必须认真考虑的问题。对此，下面提到的激励措施可以有效保障这一策略构想顺利落实到实践。

第一，政府可以对那些选择进入民族性学校读书并能够坚持读完高等教育的学生，通过免费提供食宿、高等教育减免学费等方式予以财政上的支持，从而激励青少年民族学子选择民族性学校完成学业。

第二，在民族聚居地区一些重要的选拔人才活动和升学考试中，可以设置一些关于民族文化知识的考试项目作为参考成绩，对于同等能力的竞争者，可以参考其民族文化知识这一指标进行择优录取。

第三，民族聚居区当地政府须为那些已经学成归来的“舆论领袖”提供必要的优惠政策和工作岗位，使他们能够有更多的机会施展他们的才华，更有效地完成他们传承发展民族文化的使命。例如在从事有关民族文化工作的公务员的招募考试和事业单位的招聘中，可以设置一些须有民族文化专业知识等有关学历的硬性条件，给从事民族文化学习的人员提供更多有利的工作机会。对那些原本从事相关文化工作后又选择进入“舆论领袖”培训机制学习的员工，要保留其在原单位的工作岗位，以保障他们学成回来后能够继续参加工作并发挥更有力的作用。

政府通过实施这一系列的优惠政策，可以保障民族文化“舆论领袖”的未来就业问题，而就业问题的解决，自然就能够吸纳和刺激民族群众参与到这个有利于民族文化传承发展的文化两级传播结构中来，这对于少数民族文化在经济全球化时代更好的传承和发展，有着举足轻重的作用。

构建民族文化两级传播模式，是经济全球化大众传媒时代民族文化能够得到更好传承和发展的有效路径，因地制宜地建立民族文化“舆论领袖”培养机制，使其在民族文化和文化接受者之间充分发挥沟通连接的桥梁作用，把他们所知道的并引以为豪的民族文化不断地介绍给他族群体，通过人际传播的实效性使外界受众更准确清晰地了解到民族文化丰富深厚的文化内涵，不仅可以使民族文化得到更好的保护和传承，也使其他异质文化能够更好地了解并接受这些少数民族文化，为民族文化的不断发展和传播提供更广阔的空间和更强劲的推动力。

广西民族文化的现状及独特的传承模式

——教育弥补缺失　旅游挖掘潜能

/宋秀秀/

[摘　要]　广西的民族文化呈多元并存现象，文化种类异彩纷呈，其文化传承的实质是民族文化精髓的传播和发扬。经济全球化背景下，广西民族文化既有缺失又有潜能，文化传承需充分发挥教育与旅游的作用，形成独具广西特色的传承模式，即通过教育弥补民族文化的缺失，通过旅游挖掘民族文化的潜能。

[关键词]　广西民族文化　教育　旅游　传承模式

广西民族文化是广西各民族历经千百年的生产生活实践积累起来的风俗观念、宗教信仰、生产技艺、文学艺术等各方面的总和。文化传承就是将民族文化在一个共同体的社会成员中作接力棒似的纵向交接过程。广西是少数民族聚集地，有壮、瑶、苗、侗、仫佬、毛南、回、京、彝、水、仡佬 11 个少数民族，民族文化缤纷多彩，更具传承的意义和价值。针对经济全球化背景下民族文化优缺点并存的现状，应采取相应的路径传承民族文化，经过理论与实践的多方证实，教育和旅游两种方式是文化传承的有效途径，也是广西民族文化传承的独特模式。

一、广西民族文化的缺失

广西壮族自治区统计局发布的2010年第六次全区人口普查数据显示，全区常住人口4602.66万人，其中少数民族1711.05万人，占常住人口的37.18%。[①] 广西少数民族文化历史悠久，其先民可以追溯到先秦时期的西瓯、骆越，文化的独特性一直延续至今，具有丰富的历史价值和现实意义。然而在经济全球化等因素影响下，少数民族文化受到极大的冲击和挑战，正在逐渐被社会主流文化所取代。

(一)物质文化发展遭破坏

物质文化指人类基本的衣、食、住、行的内容和形式。自古以来，广西各民族在岭南这片土地上休养生息，经过几十代人长期的勤劳耕作，形成了特有的物质文化生产方式，具有鲜明的民族特色，值得现代人传承与发扬。但随着对外交往程度加深，少数民族文化遭到冲击和挑战，不同程度上受到主流文化的影响。

服饰文化独具特色。早在秦汉时期当地居民就已懂得将麻、木棉、芭蕉等植物用于织网捕鱼、养蚕制衣。《汉书·地理志》载，岭南"男子耕农，种禾稻纻麻；女子桑蚕织绩"[②]，麻可用于纺织，养蚕造丝更是为丝织品的产生创造条件。积累了几十代人的勤奋与智慧，纺织业蓬勃发展，时至今日，被誉为中国四大名锦之一的壮锦更是

---

① 中华人民共和国国家统计局网站，网址：http://www.stats.gov.cn，浏览时间：2013年7月5日。

② (东汉)班固：《汉书》，北京：中华书局，2007年，第314页。

将广西少数民族服饰文化推向了巅峰。壮锦在服饰文化中的应用主要体现在装饰作用上，“男女环髻遍插银簪，衣锦边短衫，系纯棉锦裙，华饰自喜，能织壮锦及巾帕”①，艺术水平极高，是壮族的优秀遗产和文化瑰宝。然而如此辉煌的技艺水平却鲜有人继承，壮族的青壮年大多对壮锦文化了解不多，技术传承更无从谈起，懂得壮锦技术的大多是本民族的年长者，这使民族服饰文化的传承和发展遭遇严重阻力。

建筑文化别有风格。侗族建筑堪称一绝，侗族的鼓楼、风雨桥，不用一枚铁钉，主要以杉木为建筑材料，用木料凿榫衔接，技巧高超，其坚固程度不亚于钢铁、水泥所造的建筑。鼓楼以杉树原型为基础融合多层佛塔造型，气势宏伟；风雨桥上雕龙画凤，尽显民族气质。广西三江县的侗族村寨已被列入《中国世界文化遗产预备名单》，足见其建筑文化的重要地位。但由于侗族建筑工匠后继乏人，木建筑防火能力弱，资源匮乏，侗族木构建筑及制作技艺有失传的危机。由于技术的失传、房屋的年久失修、频繁的自然灾害等原因，人们大多拆除独具民族特色的干栏建筑，建造更加坚固、舒适的水泥砖瓦的现代化居室。

（二）精神文化前进遇阻力

精神文化包括民族意识、价值观念、道德规范、审美情趣、文字典籍、宗教信仰等，是在满足物质文化需求的基础上形成的更高层次追求。少数民族特有的精神文化在经济全球化冲击下遭遇极大发展阻力，主流文化的娱乐方式、审美风格逐渐冲淡少数民族自有

① 方素梅：《近代壮族社会研究》，南宁：广西民族出版社，2002 年，第 192 页。

文化。

广西地区以歌谣最为兴盛,从最初劳作空闲时的山歌对唱到现如今海内外知名的刘三姐“歌圩”文化。以往广西地区处处有歌圩,“据调查,1989 年在广西的 85 个县市当中,已知有歌圩活动的为 40 个县市,共有 642 个歌圩点,大部分分布于桂西左右江流域壮族聚居的河池、百色和南宁地区”①。山歌种类繁多,曲调优美,极富地方民族特色。但自 20 世纪 90 年代以来广西地区的歌圩点急剧减少,“歌圩”文化的关注度和影响力也急剧下降,真正懂得歌圩传统表演流程和演唱技巧的只有留守本地的 60 岁以上的老人,本该继承“歌圩”文化的青壮年大多外出务工,少数留守青年对现代歌舞的掌握程度远远高于本民族的“歌圩”文化,因而造成了壮族“歌圩”文化继承和发展的断层。

少数民族的嫁娶风俗也不同程度上遭到了外来文化的冲击。在广西的壮、瑶、苗等民族的旧风俗中,以唱山歌、抛绣球的形式选择配偶;在成亲典礼上,新娘要唱《哭嫁歌》以诉说父母养育之恩,姐妹与轿夫、送亲队伍之间对歌;新娘到达夫家,要踏着临时搭的竹梯上楼,走过新桥进入洞房,而后砍竹梯、拆新桥预示今生永落夫家,新人结合,白头偕老。现如今,采取传统婚嫁方式的青年男女少之又少,随着经济全球化的影响,不同民族、种族通婚的事件越来越多,广西各族人民的婚嫁礼仪日趋西化,从新人服装、典礼仪式、婚后蜜月等方面都受到西方婚嫁文化的影响,独具特色的民族婚礼得不到传承,人们甚至产生一种排斥否定心理,认为延续千年的婚嫁风俗赶不上现代化的潮流,这些都阻碍了民族文化的传承。

---

① 潘其旭:《壮族歌圩研究》,南宁:广西人民出版社,1994 年,第 281 页。

二、广西民族文化的潜能

广西地区有丰富的山水文化储备，大自然鬼斧神工的雕琢，打造了广西举世瞩目的山水风光。现阶段是广西经济文化蓬勃发展的最佳阶段，在经济全球化冲击下，广西对外开放、区域合作、自由贸易的程度不断加深，广西民族文化各方面的潜能无限扩大。

（一）山水文化的优势需利用

从旅游学角度讲，“山水”是具有美学、科学、文化价值的景观，广西山水文化是民族文化的一个分支，是当地人民依托大自然创造的物质文化与精神文化的体现，是各民族长期认识和改造自然世界形成的独特文化。

广西地处中国西南边疆，人类开发程度不深，熔岩地貌分布广，森林覆盖率高，水资源丰富，山水风光独具地方特色，锦绣山河与民族风物相融合，更显祖国南疆这片沃土的绚丽。“桂林山水甲天下”，漓江风光举世瞩目。历代文人陶醉于桂林的山水美景中，留下了诸多脍炙人口的诗文，其中包括来过桂林的柳宗元、李商隐、范成大等，甚至没来过桂林的杜甫、韩愈，也倾慕于桂林山水，写下“五岭皆炎热，宜人独桂林”[①]等诗句。此外山水石刻、绘画等文化也是桂林山水与人文相结合的重要体现。

广西壮族自治区丰富的自然资源，奇特的喀斯特地貌，绚丽的民族风情，为该地的繁荣发展赋予了力量。截至 2012 年 1 月 30

---

① （清）仇兆鳌：《杜诗详注》，北京：中华书局，1979 年，第 779 页。

日，全区有国家 A 级旅游景区 166 处。14 个地级市中，几乎每个城市都具备丰富的山水文化：首府南宁繁花似锦、绿荫如盖；龙城柳州环山绕水、蜿蜒旖旎；北海的银滩以“天下第一滩”的美誉驰名中外；防城港以其“边、海、山”的特色引人入胜；海滨钦州有三娘湾探寻海豚的期待和八寨沟幽静深邃的风光；崇左有德天瀑布、明仕田园；贵港有桂平西山、白石洞天；贺州有姑婆山、紫云洞；美丽的梧州拥有鸳江的柔情和白云山的苍劲，足见广西自然风光的秀丽。

广西美丽的自然山水与民族文化需要传承和发扬，发展旅游业，吸引更多的外地游客来广西欣赏、参观，加强广西山水文化的国际认可度，在保护与开发的前提下传承广西地区的山水文化。

（二）经济文化的实力在增强

经济与文化密不可分，一个地区文化的繁荣发展离不开发达经济的辅助，同时，经济的发展也需要文化的推动，这一点在民族文化独具特色的广西地区尤为明显。由于地理位置等因素的制约，广西地区相对于东中部地区而言，经济发展水平还比较落后，交通条件也有待提高，丰富的民族文化在传承中有一定阻力。

现如今，随着全球化时代和知识经济的到来，文化和经济之间的互动作用更为突出。在市场经济条件下，经济文化的概念越来越受人们的重视。所谓的经济文化就是指区别于文学、历史、教育等传统文化，以投资理财、经营管理等经济活动为中心的文化。广西地区的经济近几年持续发展，已经建立了防城港东兴试验区、中马钦州产业园区、北部湾经济区等区域经济发展模式，而且交通设施更为便利，已经和即将建成南广高铁、云桂高铁、贵广高铁、湘桂高铁、南凭高铁和广西内部的沿海城际铁路、柳南城际铁路等。这些有目共睹的发展成绩吸引了国内外无数人来此投资兴业，促使广西的经济文化水平不断提高。

广西壮族自治区拥有丰富的自然资源、浓厚的民族文化，发展的潜在实力不容小视，如此优越的自然和人文条件可以吸引更多的投资眼光，进一步提高广西地区的经济文化水平，加大旅游业的发展，引进先进的投资经营模式，保护并传承广西丰富的民族文化。

三、以教育弥补广西民族文化的缺失

教育是民族文化传承的重要途径，可以抑制少数民族物质、精神文化在传承中的断层现象，可以弥补广西民族文化的缺失。“教育人类学把教育看成是文化的一种生命机制，教育本身就具有文化的特征，正是在教育的作用下，文化才得以产生，得以保存积淀，得以弘扬、创造、发展。”①通过各种教育方式使人们自觉地学习、宣传本民族文化，增强民族认同感、自豪感，意识到传承民族文化的使命和意义。

(一)学校教育是主要途径

学校教育具有组织严密、目的明确、计划性强等特点，是传授民族文化知识的有利武器，是青少年掌握本民族文化的主要方式。

首先，建立学校、设置课程：建立专门的以培养具备少数民族文化知识的人才为目的的院校，最终输入社会，为少数民族事务管理部门服务，以就业为目的培养少数民族人才，更有助于学生积极主

① 冯增俊：《教育人类学》，南京：江苏教育出版社，2001年，第270页。

动地学习民族文化知识，有助于民族文化的传承；根据本民族的特点编写相应的教材，与当地风土民情相结合，更易于学生接受；安排相应的课程传授民族文化知识，例如语文课在讲授汉文的基础上学习本民族的语言文化，做到比较学习、互补学习，音乐课中学习民族歌舞、山歌对唱等，使学生掌握、喜爱自己民族的歌舞并能够熟练地表演，在美术、自然课中，教授学生民族编织、民族刺绣等技艺，在体育活动课上可以师生互动，以竞赛的形式学习了解抛绣球、赛龙舟、抢花炮、跳竹竿等民族体育活动。

其次，课内实践、课外活动：除了从书本上学习民族文化知识，还要及时培养学生的理论联系实际能力，为学生学习语言创造环境氛围。可以开展少数民族语言演讲比赛，激发学生学习本民族语言的兴趣，开设一些兴趣小组，如少数民族语言角、民族编织活动班。设置校园广播、墙报，在校园环境中渗透民族文化。开展课外活动，例如六一儿童节演出、校园运动会、元旦晚会、毕业典礼等文艺演出，暑期民族活动夏令营、古老村寨考察活动等。这些活动能鼓励学生对本民族歌舞的学习与表演，亲身体验民族生活，在娱乐中热爱本民族文化，从而更为主动地传承民族文化。

(二)家庭、社区教育作辅助

家庭与社区教育产生并融合于个体的成长环境，贯穿于生命始终，在个体暂时或永久脱离学校教育的环境时，家庭与社区教育就必须发挥其辅助作用，肩负起个体成长过程中传承本民族文化的艰巨使命。

家庭教育最注重家庭成员间的言传身教，要求民族地区家长，充分认识本民族文化的发展状况以及自身在文化传承过程中的职责,学习掌握本民族的歌舞、语言以肩负起传递给下一代的使命。重大节日和祭祀是家庭成员通过教育传承民族文化的重要方式,家长除了教会孩子参与节日或祭祀的过程,还要引导孩子了解背后隐藏的民族文化知识,可以用讲故事的方式给孩子讲解节日、祭祀的渊源和本民族的文化历史。作为民族文化的接受者,孩子要积极主动参与家庭聚会,虚心向长辈学习本民族的服饰制作技巧、歌舞表演技巧等,并为传承本民族的文化而感到自豪。

家庭教育主要针对家庭成员中的年轻人传承民族文化能力的培养,社区教育则是针对全体社会成员的教育形式。

首先,社区教育中的民族文化活动可以成为学校民族文化教育的重要补充,民族地区一般都设有地方图书馆、文化站等,保存有本民族历史文化的丰富文献资料。社区工作者可以通过网络传媒等方式制作影音、海报等宣传资料,供当地居民或外地游客免费学习、参观;举办民族文化知识专题讲座或有奖系列游戏等,以寓教于乐的方式增强人们对民族传统文化的兴趣。其次,社区教育也可以弥补家庭教育的不足,鼓励缺乏民族技艺的家庭参加社区举办的才艺大赛、民间艺人授课活动;对于父母外出务工的留守儿童,社区教育能让留守儿童增加与社区成员的交流互动,不仅使他们掌握传承本民族文化的能力,而且为他们的成长创造充满关爱的环境。再次,乡镇政府、村委会要制定相应的保护传承民族文化的条例,提供政策和经费等多重保证,对保护发扬民族文化的个人集体给予物质奖励,对于破坏割裂民族文化的行为作出处罚。处罚方式多样,可以强制其打扫公共场所卫生,或处以罚金用于公共设施建设。

（三）移民教育（即多元文化教育）异军突起

从一个地区迁到另一个地区定居，叫人口迁移。在经济全球化急速发展的今天，大部分青壮年带着本民族的文化传统走出广西与世界主流文化相碰撞，这就引发了对少数民族移民教育的深入思考。从历史发展的角度看，时至今日，移民教育最主要的形式即多元文化教育。多元文化教育指在一个多民族国家中，少数民族传承本民族传统文化，借鉴本国主流文化，同时吸收世界优秀文化。

多元文化教育是培养不同文化背景的人们之间相互理解的有效途径，也是民族文化传承的必然选择。具体措施包括以下几点：

第一，移民外地的广西少数民族学生要增强民族自尊、自信意识，发扬自强不息的民族奋斗精神；提高自身的跨文化学习能力，将自己置于异文化之中，充分理解主流文化、世界文化的意义和价值，融会贯通，成为跨文化的优秀人才，实现不同民族间的理解与尊重。

第二，身为主体民族的学生，如汉族学生，要接受并适应多元文化的教育观念，以了解少数民族文化为乐趣，尊重少数民族的社会风俗、宗教信仰，掌握不同文化的价值观念，培养一种尊重异文化，与异文化背景的人和睦相处的包容态度。

第三，无论是汉民族还是少数民族学生都要积极培养自身的全球化意识，积极融入全球一体化进程，努力适应不同国家种族间的相互交往，提高自身科学文化素质和思想道德素质，逾越民族文化间的鸿沟，寻找文化间的契合点，提升不同民族间的沟通能力，以保证世界各民族共同传承少数民族传统文化。

百年大计，教育为本。学校、家庭、社区、移民等多种教育形式共同发扬少数民族文化的精髓，弥补少数民族文化的缺失，教育是广西民族文化传承的有效路径。

四、以旅游挖掘广西民族文化的潜能

随着世界经济的发展,人类文明的进步,旅游已与人类的生活密不可分,成为一种全球化的活动,现如今已有一百多个国家加入联合国世界旅游组织。旅游孕育着文化内涵,民族地区的旅游资源极为丰富,自然风光、人文景观、风土民情、歌舞技艺等都有着鲜明的民族特色。民族文化的潜能可以通过旅游深入挖掘。有些旅游者倾慕于广西灿烂的民族文化,陶醉于鬼斧神工的锦绣风光,来到广西这片沃土上休闲度假;还有一部分旅游者被广西未来的发展前景所吸引,投资旅游业、投资房地产、移民养老的现象越来越多,这些都有利于提高民族地区发展水平,促进民族文化的交融传承。

(一)针对普通旅游的文化传承举措

普通旅游者的目的是休闲娱乐,置身于异文化的世界,远离尘嚣、拥抱田园,一般不会久居,因此,如何在短时间内将民族文化系统全面地介绍给旅游者并引起他们的关注和肯定,成了民族文化传承的关键。

1.把握旅游者的旅游动机和体验目的。一般旅游者的旅游模式是"脱离原有状态—进入旅游地—回到原状态",原住地与旅游地的自然和人文文化有较大差异,地域和文化差异构成一种旅游资源,身为旅游主体的旅游者与客体旅游资源分属不同民族文化氛围中,主体对客体有心理认同。因而广西地区旅游规划者要抓住旅游者的心理特征,充分发挥旅游优势,利用自然风光设立露天的文化表演活动,继承发扬大型山水实景演出《印象·刘三姐》的卓越成就，将自然山水与人文技艺相互融合，让当地居民与外地游客共同参与活动，向异文化人群介绍本民族文化，使他们在亲身参与的同时体验异域风情；举办原始部落探险活动，激发冒险爱好者探寻古民族文化遗迹的兴趣；进一步提升农家乐活动的成熟度和当地居民的参与度，让旅游者置身于极富民族特色的赏玩中。

2.建立完善的旅游系统。广西地区的自然山水独具魅力，自然与人文天人合一，国内外游客慕名而来。随着旅游者的大量涌入，在自然资源合理利用的基础上，制定完善的覆盖全区的旅游线路网至关重要，可将以桂林、柳州为中心的桂北旅游区，首府南宁为中心的旅游区以及南部北海、钦州、防城港旅游区串联成网，形成庞大的旅游系统，完善各地区间的交通条件与旅游设备。

3.保持完好的自然生态。提倡生态旅游，世界知名的桂林阳朔“十里画廊”景区在旅游旺季交通拥堵，大型客车与私家轿车破坏环境、污染空气，严重影响旅游者的旅游心情，打击旅游者体验民族文化的热情。应该阻止机动车进入十里画廊景区交通线，采用自行车或人力三轮车等环保工具，这样不仅保护自然环境、节省景区空间，而且增加旅游者之间、旅游者与东道主居民之间沟通交流的机会，有利于多种渠道传承民族文化。

4.发挥人才及先进技术的作用。广西山水因历代文人的诗画雕刻作品而更加著名，因而在游客游览自然景观时，景区工作人员应特别注意对于景点历史文化的讲解，将教育培养的人才应用到景区宣传服务工作中来，充分运用知识储备并发挥导游技能；还可用现代技术将已毁坏的景点依照原貌重建，例如桂林逍遥楼在唐代就极富盛名，与岳阳楼、滕王阁同样历史悠久，但早年被毁，现只存颜真卿所题“逍遥楼”石碑，这就需要政府部门筹集资金发挥人才与技术的作用依原貌重建逍遥楼。

（二）关于旅游投资的文化传承办法

经济全球化的影响势头日趋迅猛，市场经济的调节作用日益显著，经济文化的发展前景日渐明晰，旅游产业的经营开发不再只是国家扶持、政府指导，更多的国内外企业参与其中，这成为探索景区资源保护和民族文化传承的一条新路径。企业有着灵活的经营机制，企业资本投资旅游开发，有利于旅游业加快发展，民族文化加速传承，有助于留住掌握民族文化的人才，激励年轻人学习本民族文化。个人投资旅游房产，外来文化与本土文化、现代文化与传统文化相互融合，已是广西旅游地区发展的趋势，亦是广西民族文化传承的新路径。

其一，作为旅游投资者，无论企业或者个人，有投资的想法和做法，就是对投资地民族文化的肯定，必然肩负起传承民族文化的使命。企业领导者应建立与当地文化相适应的企业经营管理模式，避免与当地居民的生产生活发生冲突，帮助解决当地居民就业困难问题，像《印象·刘三姐》的演出，共有演员600人参与，其中400人为附近村子的农民。而《印象·刘三姐》的火爆，带动了阳朔相关的餐饮、住宿、工艺品等多种产业的火爆，解决了十万人的就业问题。再有，举办与民族文化相适应的企业文化活动，邀请民间艺人教授企业职工民族文化知识和技艺。投资房地产可吸引人们在风景秀丽、环境优美的旅游地移居养老，应加紧对巴马、北海、桂林等地养老房地产的规划开发，以吸引更多的文化交流。无论投资者或移居者都要尊重当地民族的居住文化，保护旧城区的民族特色建筑，与新城区的现代化建筑相区分，与当地人民一起保护传承民族文化。

其二，政府在旅游投资行为中发挥着规范和引导的重要作用，要求政府协调好投资者与当地居民的关系，制定完善的旅游投资政策，加强法律监督效力，切实维护双方利益，不能以经济效益为前提，要以保护民族文化为宗旨，通过财政补贴手段给予支持，在招商引资、企业运营、景区规划方面严格保护和传承民族文化。

其三，作为当地居民，应将本地经济发展与民族文化传承并举，正确处理好外来文化与本土文化的矛盾，现代文化与传统文化的碰撞。不要认为外来的现代文化就一定优于本民族文化，要取其精华，去其糟粕，更好地运用于传承本民族文化上；对于外来人员破坏本民族传统文化的行为，要据理力争，必要时用法律武器自我保护，保护自己的民族信仰与文化底蕴。

千里之行，始于足下。旅游能够陶冶性情，净化心灵，对于广西更是有挖掘民族文化潜能的作用，民族地区居民采取措施与普通旅游者、旅游投资者共同参与到民族文化传承的工作中来，使旅游更好地发挥传承民族文化的作用。

总之，针对广西民族文化的发展现状，其文化传承有独特的模式，如下表所示，以教育弥补民族文化的缺失，以旅游挖掘民族文化的潜能：

附表　广西民族文化的现状及相应的传承模式

广西民族文化现状	缺失	潜能
具体方面	物质文化 精神文化	山水文化 经济文化
传承模式	教育	旅游

吐故纳新是民族文化传承发展的必然规律

——以平乐过山瑶为例

/石丽芳/

[摘　要]　民族文化的吐故纳新，是指传承发展民族文化过程中，取其精华，去其糟粕，继承发扬符合社会发展规律的、积极向上的文化，淘汰腐朽落后的文化。通过对平乐过山瑶民族文化的调查，了解当前少数民族地区民族文化传承存在的问题，以及民族文化具有的新特点，探讨政府及过山瑶在民族文化传承方面所做的努力及成败得失。

[关键词]　过山瑶文化　传承　吐故纳新

经济全球化拉近了世界的距离，再也不存在绝对封闭的世外桃源，所有的民族和人类，不管愿意不愿意，都要接受来自时代发展的巨波的洗礼。因此，民族文化的传承就成了特别需要重视的问题。

关于民族文化如何传承，诸多学者专家给出了自己的答案，例如民族文化的现代化、融合与认同、创新、文化自觉等，都从某方面阐述了民族文化传承中所遇到的问题和解决的方法，有一定的合理性。这些观点虽各有侧重，但核心却只有一个：民族文化的传承应当是保护性传承、发展性传承，发展是最好的传承。保护不是维护落后，也不是一种静态保护，而是一种动态的过程，传承民族文化的同时发展民族经济，使二者相互倚仗，而不是相悖而行。故而，吐故纳新的传承方式，就成为民族文化保护与发展的不二选择。

“吐故纳新”，《庄子·外篇·刻意》载“吹呴呼吸，吐故纳新，熊经鸟申，为寿而已矣”[①]，原指调节呼吸，锻炼身体；后来引申为扬弃旧有的、不好的，吸纳新鲜的、好的。而放到民族文化的传承方面，则特指不是原封不动的全盘继承，也不是全盘否定，而是取其精华，去其糟粕，批判继承，发扬符合社会发展规律的、积极向上的文化，淘汰落后的、腐朽的文化。继承和发展是同步的，民族文化的传承意味着不断的完善，推陈出新、除旧迎新、吐故纳新。

下面以广西壮族自治区桂林市平乐县大发乡的过山瑶为例，论证在经济全球化浪潮的冲击之下，政府、民间团体以及瑶民在发展经济、传承民族文化方面所做出的努力，以及得失成败的经验教训。

一、平乐过山瑶文化现状调查

平乐县大发瑶族自治乡有 9000 多瑶族人口，过山瑶 105 户共 435 人，集中在平山、旱冲、金子岭、小黄家、大背脑等 8 个居住点。[②]这 8 个居住点统一的特点都是偏远、闭塞、经济落后、处在高寒山区，有些地方甚至至今仍未通电。这些过山瑶百姓，虽说生活相比解放前的逐山而居、“食尽一山则他徙”的漂泊状态已经安稳了许多，但比起同时期居住在平地的壮族和汉族来说，依旧比较落后。时代的浪潮波及山区，过山瑶也受到了现代化的影响。在生产生

① 庄周：《庄子》，太原：书海出版社，1997 年，第 138 页。

② 数据来源：桂林生活网“新闻中心”，网址：http://news.guilinlife.com/n/2008-07/19/36749.shtml。

活、风俗习惯、思想观念等方面都受到了一定的冲击，产生了一些变化，从而引起整个过山瑶文化面临保存与发展的难题。以下是平乐过山瑶的文化现象：

1.语言文字

过山瑶没有自己的文字，所有民歌、故事、习俗的传承都靠口耳相传。但在迁徙过程中，瑶族也聪明地学会了用汉字记瑶音，用以记载本民族的文化，“汉为瑶用”，是瑶族文化史上的一个突破。语言方面，过山瑶属盘瑶支系，操“勉”语，为汉藏语系苗瑶语族瑶语支，但为了适合新环境，在与汉、壮的长期接触中，逐渐受汉文化影响，改而说汉语，即西南官话，俗称“平乐话”。但在他们的日常生活和山歌中，却仍旧保存着一些瑶语词，例如吃早饭称“吟端”，洗脸称“照明”，称兄为“过”，妹为“古阿木”；在山歌中常出现“香哩”“岁雅”“堂巴”等词，用以指代唱歌的对象，相当于朋友、伙伴或者情人的意思。现代文明冲击瑶山，出现了许多之前从未接触过的新事物，瑶语当中没有对应的词，故而沿用汉语，如“电视机”“拖拉机”“电脑”等。而由于义务制教育的推广，新一代的瑶族儿童学习汉语书写，广播、电视、报纸等新的文化媒介的普及，汉字逐渐进入瑶乡，成为他们生活的一部分。

2.经济生活

过山瑶在解放前还一直处于游耕状态，直到新中国成立以后，在政府的帮助扶持下，划分了田地和山林，种植林木和经济作物，才结束了长期游耕游居的漂泊生涯。由于生产力低下，或者拓荒的需要，仍旧保留集体协作的传统，“挖地歌”作为民歌艺术、祭祀形式也保存下来。瑶族百姓通过敲锣打鼓唱歌的形式，指挥挖地拓荒的劳动，同时也祭祀五方土地神灵，祈求风调雨顺、五谷丰登。“手握柴刀、锄头站在林密棘满的陡岭上的瑶族男女，几十或几百人不等一字排开，在歌师激昂的锣鼓和领唱声中，随着节拍一边唱着山歌，一边披荆斩棘、挥锄挖地。大家齐头并进，动作整齐而富有节奏。锣鼓声密，锄头紧挥；锣鼓声稀，锄头慢舞；锣鼓声停，众人休息。”①场面既有集体劳作的热闹，又有祭祀仪式的神圣，完好地保留了千百年来瑶族先民的文化遗迹。近年来随着现代文明的冲击，过山瑶的经济结构也发生了变化，年轻人外出打工或做生意，不再以农业为本；而过山瑶地区随着自然资源和文化资源的开发，“马尾水”瀑布的美丽景观，过山瑶的山歌、民族舞蹈、服饰、饮食习俗等极具民族风情的民族文化，吸引了大批旅客来到山区参观体验瑶族生活，给当地经济带来了刺激，也让瑶族同胞多了一条生财之道，住宿、餐饮、小手工艺品、民族艺术表演等旅游周边产品，均给瑶民增加了一定的收入。

3.宗教信仰

信奉盘王，仍保留过盘王节祭祀盘王、跳长鼓舞、盘王神武等习俗。对于本民族的文化传统记忆深刻并且保持传承，在《黎家先祖来源歌》中，详细记录了过山瑶先民因兵祸被迫离开故土的无奈、辗转漂泊无所依傍的凄惶，记录了他们在湖南、广东、广西多处辗转，最后落户平乐深山，娶妻生子、繁衍生息的迁徙过程。《难了难》《香哩》等歌，则记录了旧社会过山瑶生活的艰辛，“农家苦似九龙胆，一层露水九层霜”②。另有“挖地歌”“香龙舞”等仪式，纪念先祖生活困难及神灵保佑，是瑶族信奉的神灵世界的折射。“挖地歌”从

---

① 资料来源：广西平乐县人民政府网，网址：http://www.pingle.gov.cn/news/2012727/n44591368.html。

② 民歌来源：平乐热线网，网址：http://www.glplrx.cn/read.php？tid-1470.html。

最初的劳动号子渐渐演变成一种祭祀仪式，请歌师、祭祀土地山神，祈求来年丰收，是自然崇拜的遗存；“香龙舞”与过山瑶传说中西海龙王救父、玉皇大帝赐恩有关；另一祭祀盘王的仪式“盘王舞”又称“师公舞”，是信奉道教的瑶民举行度戒仪式时所使用的舞蹈。这表明在宗教信仰方面，除了自然崇拜、祖先崇拜、图腾崇拜，过山瑶对于汉族宗教亦有不同程度的接受，道、佛与原始宗教的巫并行，“汇多神于一体，熔不同的宗教于一炉，正是瑶族宗教信仰上的最大特点”①。这些舞蹈和仪式在20世纪80年代以前还是一种祈福仪式，随着旅游开发，越来越多的仪式带上了表演和商业的意味，成为吸引游客的一种手段，神圣性逐渐减弱，娱乐性增强。

4.衣食住行、风俗习惯、教育等

饮食：虽然经济有所改善，但相对而言，过山瑶的生活依旧艰苦，主食有大米、玉米、木薯、红薯、芋头等。常食的菜肴是山上随手采摘的野菜、蘑菇、笋子等物，以及猎手猎得的山鸡、野猪等野味。逢年过节则吃自家养的猪，有火熏腊肉、豆腐等。80年代后，瑶民生活改善，手里有余钱，也时常下山赶圩，最常去的有龙窝圩和大发圩，购买日常用品和食物，猪肉、青菜、粮食、衣物、日用百货等都是他们的购买对象。到了21世纪，经济进一步发展，许多新式食品无论优劣也都进入了瑶山，如膨化食品、方便面等。

服饰：尚黑，好刺绣，女子服饰有腰带、围裙等配件，帽子分尖头和平头两种，均以黑红为主，缀以银片或银珠，闪亮夺目。下着镶边黑裤，布鞋或草鞋。这些服饰80年代还在使用，到了21世纪基本上都是现代服装，西装、牛仔裤、夹克、连衣裙、运动服、皮鞋等成了

① 俸代瑜：《瑶族文化多元一体特点浅析》，《广西民族研究》1993年第4期，第88页。

常见的服饰，只有一些老人还保留着一些民族服饰的特点。在发型方面，瑶族女性戴帽子，多剃成平头，不留长发。但在着装习惯改变后，也留起了长发，梳起了各种现代发型，配戴发卡等饰物。

建筑：历史上过山瑶由于游耕的经济生活，房屋多为草木结构，构造简单、材料易得，弃之不可惜。随着解放后政策的改变和生活条件的改善，过山瑶定居，建起了与当地居民一样的土坯房，一般为三空头，两层，瓦顶土夯，中间是堂屋，两边四个厢房，厨房建在旁边或屋后，禽畜的棚子又建在别处。这样的房屋高大凉爽、宽敞舒适、结实美观、干净卫生，极大地提高了过山瑶百姓的生活质量，也标志着过山瑶真正地融入了当地，在当地安居乐业。近年钢筋水泥砖房流行，富裕的瑶民也跟随潮流建起了此种房屋，外墙贴瓷砖，楼上开着大窗户，结实美观，十分舒适。

行：过山瑶所居高寒山区，车马不通，过去靠走，视崎岖山路为坦途，行走如飞。后来道路经过一定修缮，可以通车，瑶民买了自行车，后来又增加了摩托车。而旱冲崎岖的山路和险峻的路况为自行车旅游爱好者提供了很好的去处，近年流行起骑行旱冲的旅游模式。

婚姻制度：过山瑶自古婚俗与汉族不同，实行自由恋爱、倚歌择配的形式。婚后或住男家，或住女家。另有“嫁子留女”婚俗，又称“招郎”，儿子去别家“上门”即入赘，女儿在家招夫承继香火、财产、姓氏及赡养老人。此俗绵延至今，仍十分盛行。另有不与外族通婚的风俗，清以前十分严格，近年有所松动，汉瑶、壮瑶通婚已属寻常。

教育：过山瑶传统教育模式有家庭教育、宗教仪式和节庆活动、民歌等主要方式。利用口耳相传、言传身教、歌谣、仪式、故事传说等形式，由长辈向子女传授耕作开荒、刺绣织布、摘野果拾野菜等生活常识和生产技能，及神灵崇拜、宗教信仰、本民族的来源及历史、瑶族约定俗成的伦理道德等。解放后，过山瑶实行九年制义务教育，瑶族儿童自学龄起到当地政府公办的学校接受义务教育，如现在的旱冲过山瑶儿童，就在福瑶村委小学就读，待升上四年级，就到10公里之外的大发中心小学寄宿学习。习汉字、讲汉话，学习现代科学文化知识，参加升学考试，升入初中、高中，甚至考取大学，与汉族儿童受到的教育完全相同。与此同时，因为学习成绩跟前途命运挂钩，传统的家庭教育变得次要。本民族语言、民歌、故事传说、生活经验甚至宗教信仰及伦理道德，都不能如以往那样系统全面地传承，而汉语、现代化的生活娱乐方式和价值体系等正在取代传统的瑶族文化。

5.民族性格及道德传统

过山瑶性格豁达、善良、热情，对族人友爱、对外人热情。路不拾遗、夜不闭户。“物各有主，非己莫取”“不是自家财，不进自家袋”等传统规约仍旧有效，偷盗行为较少发生，邻里和睦共处、守望相助，粮食牲口、柴草家禽等财物圈置在村头的草棚、谷仓不必上锁，无人偷盗。瑶族又有“标号”的约定，乃是一种认物记事的方法，或是草结、或是树枝、或是石子，在山上发现蘑菇、野蜂蜜等，只要放上“标号”，显示此物有主，别人即便看见也不会取走。

综上所述，平乐过山瑶在解放前甚至在落户平乐之前，在生活的各个层面就已经有汉文化、壮文化的影响，这些文化的吸纳使他们在生活中更便利，能够更好地生存。而在落户平乐大发乡之后，过山瑶在语言、服饰、建筑、生活风俗等方面均有所变化，但在一些核心层面，如宗教信仰、价值观取向、伦理道德方面，却没有多大变化。这是随着时代变迁、周边环境的变迁而做出适应性调整，不只是解放后，可以说在瑶族整个几千年的发展史上，与时俱进、吐故纳新是他们能够漂泊千年无所依而能繁衍壮大的根本。

二、平乐过山瑶文化的特性

食古不化、顽固自守从来不是一个民族、民族文化得以发展的前提，只有不断扬弃旧的、落后的，吸纳新的、有用的，才能跟上时代的步伐，才不会被别的民族同化，反而能更好地在民族丛林中占有一席之地。由此我们发现平乐过山瑶文化具有以下特点：

1.传承性

文化的传承有两个方面，即物质的和精神的。平乐过山瑶文化的保存，缘于偏远的地理位置、落后的经济条件和瑶族文化本身的坚韧性。从以上叙述我们可以看到，过山瑶在许多方面秉承了千百年来沿袭而下的文化风俗，在语言、风俗习惯及社会制度、宗教信仰等方面沿袭前人，即使在历史上多次迁徙、漂泊无依，受到其他民族、文化的冲击和影响，也从来没有让自己的文化淹没在历史的长河中，而是最大程度的保存了本民族的传统文化。

2.适应性

过山瑶有一个特性是别的民族所没有的，那就是长期的漂泊，有"东方吉普赛"之称。这意味着他们的适应性和生存能力很强，必然的，每到一个地方，就要受到当地自然环境的影响，受到当地风俗习惯的影响，受到当地文化的辐射和渗透，适当地吸收和趋同，才能够更好地生存下去，这是一种聪明的生存哲学。因此，过山瑶文化本身就有一种天生的适应性，在环境和时代的影响下，显示出"渐变"的特征。这种"渐变"不是"演变"，它在根本上影响不了过山瑶的文化内核，只是在恰当的程度上令他们生活得更好，更容易整合到当地的文化环境当中。如前文提到的过山瑶语言的汉化、服饰及饮食结构的多样化、经济结构的改变、住宿条件的改善，都是他们积极应对时代发展、努力改善生活状态的结果，这种变化是可喜的，应该以一种乐见其成的态度来看待，而不是为了保存所谓的传统文化，一味地要求瑶民拒绝享受现代文明带来的成果。文化的核心价值是精神世界的建构和传统美德的传承，以及积极向上的价值观念，吃什么穿什么、怎么住怎么行，终究只是文化的皮毛和表面的表现形式。过山瑶虽然改善了物质生活，并且与山外有了更多的联系，但我们不难发现，他们对于祖先的崇拜、对过往历史的铭记、对自身行为的道德约束、对生活的态度，甚至整个人生观和价值观、整个民族品格，都从未改变。

3.吸纳性

吸纳性是适应性的高级形态和终极目标。过山瑶文化对他族文化的接受与认同，归根到底，是一个吐故纳新的生长过程。去粗存精、去芜存菁，有选择地吸收新鲜的、先进的、符合社会发展和自然规律的、积极向上的文化因子，扬弃旧有的、落后的、腐朽的、不利于民族发展的文化糟粕，吐故纳新、批判吸收，将他族文化中的精华融入到自己的文化血液当中，成为自己文化的一部分，从而促进本民族文化的生长，是过山瑶文化最显著的特征。从前文可以看出，过山瑶文化的表现形式，从物质文化到精神文化都与汉、壮、侗、苗等周边民族有部分的相似性，这说明过山瑶在历史发展过程中，是走一条不断发展、不断吸纳、不断扬弃的道路。这是一个不惮于反省自身、敢于改变的民族，对于他族文化、异文化的吸纳性使过山瑶在历史的长河中能够适应各种各样的自然环境和人文环境，从而不但能够在恶劣的条件下生存，繁衍种族、传播文化，更把自己的足迹踏遍了泰国、越南、老挝等东南亚国家，甚至漂洋过海，在欧美大陆扎根。

三、吐故纳新是民族文化传承发展的必然规律

在保护传承过山瑶文化的同时，我们不能忽视，由于现代义务教育取代了传统的教育模式，过山瑶民族文化的传承出现了一个断层，瑶族儿童不能很好地系统学习本民族传统文化，而现代化的生活方式，也使得许多古老的技能和生活习惯逐渐被新的生活方式所取代。如何甄别、选择性地继承优秀的民族传统文化，成为政府和瑶民所面临的一个严峻课题。

对此，当地政府和瑶民都作出了积极应对，采取了许多措施，例如创建民族文化宣传中心、“民族文化进校园”活动，建设瑶族风情表演场、瑶族民俗文化展厅等观光旅游配套设施，及具有瑶族饮食文化特色的瑶族风情园，推介瑶乡风情，拉动民族旅游等。这些措施取得了一定效果，过山瑶儿童通过民族文化的课程学习，对本民族有了一个系统的了解，掌握了一定的民族文化知识。旱冲过山瑶村落成了小有名气的旅游景点，正在吸引越来越多的游客前来旅游。过山瑶山村的经济状况得以改善。每年农历十月十六举行祭祀盘王活动，宣扬过山瑶文化，凝聚民族向心力，吸引游客。

平乐政府与过山瑶瑶民一道，努力地探索一条民族文化传承与保护的正确道路，将现代化与民族化整合在一起。这表明了文化传承既要扬弃旧有的、糟粕的成分，又要吸纳新鲜的、先进的时代元素，推陈出新、与时俱进、吐故纳新，才是民族文化发展的必然出路。

它的积极意义在于：

1.促进经济发展，改善瑶民生活。传统的农耕经济已经不能满足瑶民的需要，新的经济增长点必然要引进瑶山。过山瑶居于高山，土地稀少而贫瘠，穷则思变，过山瑶百姓出山打工或者做生意，背井离乡，但却并不能成为主流经济模式。留守瑶民合理开发本地、本民族的自然资源和文化资源，开创出一条新的致富之路，既守住了家园，又发展了经济，一举两得。旅游开发这一新型经济的推广，使民族文化走向现代化，为传播和弘扬民族文化提供了广阔的舞台。一方面，游客和政府通过民族文化旅游，更好地认识和理解民族文化，从而达到尊重、认同和保护过山瑶及其文化的目的。另一方面，通过文化旅游开发，刺激本民族发掘、恢复、保存、完善甚至抢救逐渐消失的民族文化传统，加强了民族文化的延续性，以及对本民族的认同。因而，适当的、保护性的旅游开发，在旧有的经济结构的基础上引进新的经济增长点，是传承民族文化的一种良好手段。

2.促进民族团结，维护社会稳定。解放前过山瑶与他族接触不多，相互有文化和心理上的隔膜，误会和冲突都不可避免。现在通过近距离交流、接触，经济合作和文化传播，过山瑶已经更多更好地融入到当地的社会生活，共同享受改革开放带来的物质和文化成果，也给其他民族带来一个认识和深入了解过山瑶的机会，从前那种“野蛮人”“瑶佬”“瑶人放蛊害人”等误解和歧视已经消失，取而代之的是各民族平等共处、互助合作。

3.促进民族文化发展。文化不是静止而凝结的，本身具有发展和完善的天性，只有吐故纳新，不断完善、不断发展，才是活形态的民族文化，而不是放进历史博物馆供人瞻仰的化石。“就全国而言，民族地区经济和社会各项事业的发展相对要落后一些，但我们不能因此忽略民族文化的保护和发展，我们不能让自己享受着所有现代文明所带来的方便和好处的同时，却要求少数民族仍旧保持那份过去，保持那份古老的苍茫和原始，以便我们自己在身心疲惫的时候去参观，去寻找一份野性或平和，去寻找一点荒凉、一种自然，去寻找一份田园牧歌，在所谓的回归自然中去寻找自我，这对少数民族来讲是不公平的，这种思想也是极端自私和不负责任的。”①少数民族和民族文化如果不想成为历史的尘埃，成为人们消费和猎奇的风景，要维护民族文化本身的独立性和尊严，就要不断的吸纳新鲜的力量，努力发展自身，既传承本民族的优秀文化传统，又积极地面对来自外面的新鲜文明，以批判吸收的原则，吐故纳新，不断扬弃旧我、吸收新的血液，才能够永远保持鲜活的生命力，才能够使自己的民族文化不断发展。

四、对民族文化传承与发展的建议

民族文化的保护不是一朝一夕之功，它要求政府和民众持之以恒的、细水长流的努力。面对现代化大潮的冲击，少数民族文化生存空间不断被挤压，光靠以上的努力还不够，我们还需要做得更多。

1.制度建设，保证民族文化的传承。民族文化的保护和传承，要有长期性、系统性和针对性，故而建立政策制度、健全法律法规，给民族文化创造良好的生长空间十分必要。对于保护少数民族文

---

① 王彦达、魏丽、马兵：《民族文化的现代化是少数民族文化传承的趋势》，《满族研究》2005 年第 2 期，第 30 页。

化的行为予以褒奖，对于破坏少数民族文化的行为予以惩罚，特别是在城市化过程中，人为破坏少数民族古建筑、壁画等行为，要加大处罚力度。少数民族文化的传承与保护，有时会与当地的经济政策相悖，或者与经济发展无明显利益瓜葛，不能为了一时的经济发展而牺牲民族文化。而在教育方面，可制订一些针对性的政策，如对于那些有自己文字并且还在一定范围内使用的民族，在民族院校或各自治区的大学第二外语选修课中，民族语言也可以作为选择之一，所修得的学分与第二外语的学分一样。

2.增加投入，夯实民族文化发展基础。一个城市的文明程度，不仅取决于经济的增长，更取决于文化的繁荣。少数民族的繁荣同样也包括文化的进步，而这需要经济支持，无论是对于古建筑、壁画或其他文化载体的维护和修缮，还是针对少数民族文化所做的发掘、保护、整理、科研等工作，都需要大量的人力物力支持，这些投入不是个人或某个民间团体能够长期承担的，必然需要政府财政的加大投入，并且不是一时心血来潮地投入一笔资金，而是把它列为长远的有计划的固定支出项目，才能保证民族文化建设的长期性和稳定性。但目前我们也可以看到，有些地方政府虽然在少数民族文化保护方面投入了大量资金，但分配并不均衡，像古建筑、壁画等硬件方面的修缮和保护、恢复性建设方面投入更多，对比较能吸引游客项目的仪式和歌舞表演等的方面也投入了大量精力挖掘改造，而对如歌谣、神话、历史故事、民族手工艺、宗教信仰等方面的收集整理工作投入不够，对民族文化深层次的东西不够重视，投入更少。虽然这些东西出成果慢，直接影响力也相对较小，但它的意义和价值却更深远。故而地方政府在民族文化保护的资金投入这块，不应盲目追求好看和一时的经济效益，而应当切切实实地从民族文化的传承出发，均衡、合理地分配资源，把民族文化研究的基础打好。

3.拓宽渠道，培育民族文化传承人。现代化波及每一个人，包括少数民族群众个体，要求每一个少数民族的群众都能够完整地传承本民族的文化，既不现实也不可能，故而考虑培育民族文化传承人，在语言、仪式、民歌、传说、历史、风俗等方面，全面培育，塑造一位或几位民族文化的活化石。传承人享受政府津贴和事业单位待遇，既保证了传承人的生活条件，又增加了他的积极性，更可以在少数民族群众当中形成良性竞争，从而引导下一代少数民族青年对本民族文化的关注和学习继承。

4.搭建平台，推动民族文化创新。过去民族文化主要以口传、仪式、风俗习惯等方式保存和传承。随着时代的发展、社会的进步，文化载体也出现了多样化，电视、电影、报纸、网络、手机短信、视频、微信等新的载体和传播方式的运用，把民族文化传播得更远，辐射范围更广、速度更快、时间更短，这必然也要求民族文化要以更快、更新、与时代更贴近的姿态同步作出反应与回馈，在这个相互作用、相互促进的过程中，促进民族文化的发展和创新。针对这一变化，可以搭建新的平台，如在县级以上的民族地区应建立民族文化网站，将民族文化文字化、图片化、影像化，既方便保存，又能在收集整理的过程中建立一个完整的系统，更利于传播。条件成熟的民族自治区、州、县电视台可设立民族文化频道，专门报道与少数民族相关的新闻和科教、文艺等节目。这些新平台的建立，无论是对民族文化的整理、发掘和传播，还是对民族文化的研究和创新，都能起到巨大的推动作用，从而使民族文化的建设与时代挂钩。

民族文化的传承和发展，是一个任重而道远的全民性的课题，在现代化的大潮之下，如何既保持本民族文化的特色和内核，又跟上时代发展的步伐，是我们所有人必须深思的事情。但无论如何，“吐故纳新、批判吸收”这一原则，在任何时候都不能忘记，它是保证民族文化健康传承和发展的前提。

民族文化传承与发展的大众传媒渠道
——以广西“刘三姐”文化为例

/罗红流/

［摘　要］　在经济全球化背景下，民族文化更需要寻求多元的传播渠道。文章以“刘三姐”文化的大众传播渠道为例，肯定了大众传媒对民族文化遗产传承与保护所发挥的积极作用，探寻更多民族文化传承与发展的有效途径。

［关键词］　刘三姐　大众传媒　传承发展

民族文化是一个民族或国家广大民众所创造、享用和传承的物质文化与精神文化。随着经济的高速增长和全球化进程的发展，一些民族传统文化受到极大的冲击。在新的传媒环境下，大众传媒应该在民族文化的传承与发展方面发挥应有的积极作用，以真正起到传承社会文化遗产的功能。

一、“刘三姐”——广西民族文化的典型代表

“刘三姐”是谁？刘三姐是壮族歌仙，是勤劳、勇敢与智慧的化身。围绕着刘三姐这个人物形象的种种传说、民间故事、山歌等等，不仅极大地丰富了广西少数民族文学宝库，而且还从各个方面反映

了壮族人民的生产生活方式、丰富多彩的民间信仰和道德伦理追求，是壮族人民心中的女神。

“刘三姐”广为世人所知是在新中国成立以后。20 世纪 50 年代末，受全国大规模采集民歌运动与提倡编写各少数民族文学史活动等文化浪潮影响，广西文学艺术工作者深入乡村，对广泛流传于本地区的刘三姐传说及歌谣等各种口头文本进行了认真收集整理，并在各级出版机构的大力扶持下，将采集到的口传文本翻译成汉、英等译本，推向国内外，《中华民族故事大系》《中国民间文学三套集成》等重要的出版物中都收录多篇刘三姐的故事。文艺工作者在所得资料的基础上创作了具有地方及民族特色的彩调剧《刘三姐》，后由长春电影制片厂拍摄成电影，向世人揭开美丽面纱；2004 年著名导演张艺谋等人借助桂林独特的旅游资源，采用刘三姐的题材，融合广西各民族优秀的文化元素，利用电影《刘三姐》传播的影响力，运用电子声光技术及现代艺术创作理念，打造了大型山水实景剧《印象・刘三姐》，获得巨大成功。如今的“刘三姐”是歌舞、是电影、是旅游胜地、是品牌香烟……是美丽广西的代名词。“‘刘三姐’不仅在舞台上大放异彩，而且在银幕上大放光芒，并赢得了区内外、国内外的广泛欢迎、全面认可和普遍赞誉，标志着‘刘三姐’文化品牌的正式形成！”①

可以肯定地说，“刘三姐”已不是等待人们去“抢救和挖掘”的文化遗产，她已成功地从民间文学作品中走出来，在现代社会的诸多领域得到广泛活用，成为广西最具民族特色的文化品牌。那么，“刘三姐”是如何做到这些的呢？其实，随着保护非物质文化遗产成

① 潘琦主编：《刘三姐文化品牌研究》，南宁：广西人民出版社，2002 年，第 59 页。

为大众传媒的热点，“刘三姐”正是积极通过这些大众传媒渠道让自己从幕后走向前台。

二、大众传媒对“刘三姐”的传播

大众传媒，大众传播媒介的简称。就媒介形式而言，大众传媒可分为两类，一类是印刷媒介：报纸、期刊、书籍；一类是电子媒介：广播、电影、电视、网络、音像制品等。这些媒介各有特点、各具优势。随着现代科技的发展和传播技术的进步，大众传媒的覆盖范围越来越广，与以前必须到民族文化“发生现场”观看的自然传播方式相比，现在的人们可以利用大众传媒，通过多种方式直接或间接接受民族文化信息。

为分析大众传媒对“刘三姐”文化传承与发展的影响，本文对近十年来几种主要大众媒介对“刘三姐”的报道进行梳理，样本统计及分析如下：

1.印刷媒介

印刷媒介是通过印刷复制手段在纸张上传播文字信息的传播媒介，其形态有报纸、期刊、图书等。报纸是人类最古老的传播手段之一。相对于其他类型的媒体，报纸具有信息量大、报道及时、解说深刻、可供反复阅读思考、易于保存、价格低廉等优点。因此，在大众传媒中，报纸占据着重要的地位。本文选取《人民日报》《光明日报》《经济日报》《中国民族报》《中国文化报》《中国旅游报》《广西日报》《桂林日报》《南国早报》9 家报纸作为中央党报、中央专业类报纸、地方党报和地方都市报的纸媒样本做重点搜集。各报在 2003 年 1 月至 2013 年 6 月间涉及“刘三姐”文化的报道共有 451 篇（据

笔者统计所得,可能有误差),分别为:

报纸	人民日报	光明日报	经济日报	中国民族报	中国文化报	中国旅游报	广西日报	桂林日报	南国早报
篇数	31	28	11	12	36	48	115	98	72

从报道的标题及内容来看,报纸在报道“刘三姐”文化时的关键词主要有:山歌、壮族、民族文化、漓江、歌舞剧、南宁国际民族艺术节、戏剧、文化产业、旅游、非物质文化遗产等。从中我们也可以得出报道的内容多与节日习俗、民俗旅游、文化产业、政府工作等方面有关。

除了报纸,期刊在宣传、研究“刘三姐”文化方面也不遗余力。在中国学术期刊网络出版总库中,输入主题为“刘三姐”的检索条件,共搜索出 1161 条记录。相对于报纸的注重新闻时效性、真实性和客观性,期刊的内容更具深度,对“刘三姐”文化的分析更具理性、学术性和建设性。应该说,在理论研究、提出和解决问题方面,期刊扮演着十分重要的角色。

书籍是印刷媒介当中历史最悠久的媒介。散见于其他著作中的“刘三姐”的身影很多,但是有关刘三姐的资料和研究专著并不多,主要有容小宁、李格训等《〈印象 · 刘三姐〉:文化产业全景透视》(上海:百家出版社,2007 年)、潘琦主编《刘三姐文化品牌研究》(南宁:广西人民出版社,2002 年)、潘琦主编《刘三姐文化研究》(南宁:广西人民出版社,2008 年)、柳州市鱼峰区政协编纂的文史专辑《柳州有个鱼峰山——刘三姐文化大观》(南宁:广西民族出版社,2013 年)、梅帅元著《印象 · 刘三姐——梅帅元剧作集》(北京:中国戏剧出版社,2012 年)、潘其旭、韦玺著《歌海传奇:歌仙刘三姐》(南宁:广西人民出版社,2009 年),覃桂清著《刘三姐纵横》(南宁:广西民族出版社,1992 年),罗岗生、李莲芳主编《刘三姐研究资料集》(南宁:广西人民出版社,2007 年),邓凡平选编《刘三姐剧本集》(南宁:广西民族出版社,1996 年),陈星、范静著《山歌唱出十个亿:〈印象·刘三姐〉幕后的故事》(北京:西苑出版社,2011 年)等,这些研究成果从不同角度探析,大大地深化和拓展了“刘三姐”文化的内涵和价值,能够为专业人士、政府决策者提供参考,但对促进民间文化知识的普及和提高民众保护“刘三姐”意识的作用是有限的。

当然,随着印刷媒介数字化时代的到来,手机报、数字期刊、电子书等诸多新媒介形式改变了报纸、期刊、图书的固有形态,也丰富了“刘三姐”文化的传递模式。

2.电子媒介

电子媒介为人类传播带来的变革并不仅仅是空间距离和速度上的突破。随着摄影、录音和录像技术的进步,人们不但实现了声音和影像信息的大量复制和大量传播,而且实现了它们的历史保存。广播、电影、电视、网络、音像制品等大众传播电子媒介使人类知识经验的积累和文化传承的效率和质量产生了新的飞跃。

广播在中国曾经有过辉煌的岁月,后来随着电视、网络的兴起而逐渐被边缘化,以至于在当前的媒体格局中地位甚至还不如报纸。不过,对于一个拥有 13 亿人口的大国,广播的受众数量仍十分可观,尤其近几年随着私家车的增加和人们生活节奏的加快,广播受众开始“回流”,广播媒体大有迎来“第二春”的势头。据有关方面统计,广播听众主要集中于驾车族,在校大、中专学生,离退休人员,打工族。无论是在城镇乡村,旅途劳动,白天黑夜,只要有一台收音机,就可以收听新闻广告、歌曲故事。随着通信技术的迅猛发展,听众在收听广播的同时,也可以直接或间接参与节目的制作与播出，听众不再处于被灌输的地位，他们或在“听众热线”中表达自己的观点，或在“听众点歌”中点播自己喜爱的歌曲，甚至被邀请到电台客串。这种打破时空的听众深度参与，增强了广播的活力，发挥了其独特的时空自由魅力。广播在“刘三姐”文化的传播中主要以新闻、歌曲、广告的传播为主，由于节目形式灵活，以语音资料为主，所以数量无法统计。

电视是“图像、声音、文字、色彩等多种符号的综合传播，同时作用于受众的听觉、视觉感官……视听结合，形声并茂，比报纸、广播具有更强的表现力”①。经过短短几十年的成长，电视媒体在我国就已经渗透到人们生活的每一个领域，成为最强势的大众媒体之一。仅中央电视台目前就开办了16套电视节目，全国还有几十套省级卫星频道，数以百计的地方频道。《国务院办公厅关于加强我国非物质文化遗产保护工作的意见》（国办发〔2005〕18号）中特别强调，鼓励和支持新闻出版、广播电视、互联网等媒体对非物质文化遗产及其保护工作进行宣传展示，普及保护知识，培养保护意识，努力在全社会形成共识，营造保护非物质文化遗产的良好氛围。为贯彻落实这一精神，全国各级电视台纷纷通过综艺节目、纪录片、电视剧等形式展示各民族文化。由此看来，全国各级电视媒体对“刘三姐”文化的传播情况因条件所限无法统计，但是一些深入人心的电视剧、纪录片、综艺节目、宣传片却也能罗列出来：30集电视剧《刘三姐》（已于2010年拍摄完毕）、中央电视台文艺中心纪录片《一方水土一方歌——刘三姐大事纪》（2000年）、中央电视台音乐频道“2013寻找刘三姐”大型综艺活动、阳朔大型山水剧场《印象·刘三

① 朱菁：《电视新闻学》，杭州：浙江大学出版社，2001年，第7页。

姐》宣传片、《美丽广西》旅游形象宣传片等，都以极其鲜活、生动的视听效果向世人展示“刘三姐”文化的魅力。

“刘三姐”文化最为大家所熟知的活动便是“三月三歌台”和南宁国际民歌艺术节了。虽然农历的三月初，各地都搭起歌台，举行各种民俗活动，但由于时间、空间、经济状况等各方面的限制，能够到各地现场观看歌台的人数不多，火热的“南宁国际民歌艺术节”许多观众更是无法亲临现场。电视媒介在此就可发挥其强大的传播功能，中央电视台、广西电视台等多家媒体直观展示各处热烈的现场气氛，使观众能近乎身临其境地感受“刘三姐”文化的魅力。

电视媒体将民众深层记忆当中的类似“刘三姐”这样的民族文化作为深入挖掘的资源，不仅可以从心理层面吸引受众，同时对提高电视节目的品位大有裨益，还能对民俗文化的传承贡献力量，保护民族民间文化。

电影自诞生以来就是集商业性、艺术性和大众传媒性于一体的特殊人类文化产品。新中国成立后，随着民族电影的兴起，刘三姐题材受到了影视界的关注。1959 年，由词作家乔羽创作出电影剧本，1960 年由黄婉秋主演、苏里导演，电影《刘三姐》开拍。1961 年，拍摄完成并成功在全国公映，激起了观众的强烈反响。不仅在大陆引起轰动，甚至港、澳及东南亚华人世界圈内也引起了震动，并被誉为“山歌片王”。在新加坡，《刘三姐》曾经创造了连续两次各上映 120 天的电影放映纪录，马亚西亚还将这部影片评为世界十部最佳影片之一。1963 年，在第二届《大众电影》“百花奖”评选中，电影《刘三姐》一举夺得最佳摄影奖、最佳音乐奖、最佳美工奖和最佳男配角奖等四项大奖。电影《刘三姐》是壮族文学影视化叙事的经典之作。壮族除了电影《刘三姐》，还有两个民间文学题材被改编成影视作品，成功地与全国观众见面，并取得较好的反响。这两个题材是“一幅壮锦”和“百鸟衣”。当然，我们用屈指可数这个词来形容目前“刘三姐”文化影视化叙事所取得的成就，并不是对其发展持消极态度，相反，“刘三姐”文化，乃至于与之相联系的壮民族文化，如布洛陀文化、花山文化、那（稻作）文化、歌圩文化等的电影传播形式的空白都是尚未开垦的处女地，前景是乐观的。这对中国电影界是机遇，更是挑战。

相对于报刊、广播、电视等传统媒体，互联网是一种新兴的媒介形式和媒介平台。1998 年 5 月召开的联合国新闻委员会年会甚至称之为“第四媒体”。网络媒体具有全球性、交互性、多媒体、信息海量、超文本链接、双向传播等特点。据中国互联网络信息中心（CNNIC）发布的《第 31 次中国互联网络发展状况统计报告》统计，截至 2012 年 12 月底，中国网民规模达到 5.64 亿，互联网普及率为 42.1%。[①] 互联网的出现给民族文化的传播带来重大影响。下表是部分有关“刘三姐”、壮族“民族文化”网站（频道）：

网站名称	网址
“印象·刘三姐”官方网站	http://www.yxlsj.com
南宁大地飞歌文化产业集团有限责任公司官方网站	http://www.flyingsong.com
广西壮族自治区民族事务委员会民族文化频道	http://www.gxmw.gov.cn
广西壮族自治区人民政府网“广西人文”	http://www.gxzf.gov.cn/zjgx/gxrw

① 统计数据引自新华网，http://news.xinhuanet.com/newmedia/2013-01/16/c_124236724.htm。

续表

网站名称	网址
宜州党政网“文化旅游”	http://www.yzdzw.gov.cn/index/lywh.htm
壮族在线	http://www.rauz.net.cn/bbs/forum.ph

互联网使“刘三姐”文化传播的信息空前丰富，输入“刘三姐”关键词，一眨眼工夫，百度就显示找到的相关信息约为 6,210,000 个，新闻约 246,000 篇，视频 22842 个。大家点击这些链接即可浏览相关信息。报刊有版面的限制，广播电视有时段的限制，电影的容量更是有限，而互联网的优势可以弥补上述媒介的所有不足。互联网进行“刘三姐”文化传播时，可以文字、图片、声音、影像各种手段并用，提供海量信息，而且这些信息理论上可以永久留存，这不仅可以随时为受众提供信息来源，还可以为日常的“刘三姐”文化传播提供资料支持。另外，广西各级政府的文化部门、旅游部门的网站目前基本都已开设相关的“民族文化”频道（如上表所示）。这些专门的民族文化频道无不以提高全民文化保护与传播为宗旨，以促进公众对民族文化保护政策的关注、理解和支持为目的，让网民关注广西民族文化的保护状况。内容方面，这些频道不仅提供民族文化的历史、图片、视频等信息，更是涵盖了当前对民族文化的挖掘、发展和保护现状。这种传播的纵深化和立体化，必然会深化人们对民族文化的认识，推进保护民族文化行动的开展。此外，互联网的开放性也使得民族文化传播主体更加多元。之前，民族文化传播的主动权基本掌握在政府和新闻媒体手中，但互联网开始打破这种传播格局，越来越多的民族文化保护团体甚至个人开始自觉加入到这个传播的队伍中来。

三、大众传媒对“刘三姐”文化传播的影响

文化与传播的关系研究一直受到研究者的重视，大家普遍认为大众传媒是影响民族文化传承与发展的重要因素和力量。通过对上述报道的梳理，可大致归纳出大众传媒对“刘三姐”文化传播的影响主要有以下三个方面：

（一）大众传媒特性促进了“刘三姐”文化的传承

大众传媒凭借着先进的传媒手段和传播技术，能够跨越时间和空间的限制，对于扩大“刘三姐”文化的传承范围，延长传承时间，丰富传承内涵所起的作用是人际自然传播所无法比拟的。

有关“刘三姐”文化的民间传说、故事、笑话、山歌、剧本等都是以笔录、手抄或打字的方式，经由大众传播媒介的大量复制传播，得到了保存。山歌对唱、歌舞剧、音乐剧、大型山水实景剧、民歌艺术节等，被照相机、摄像机、录音机等如实记录下来。这些“刘三姐”文化通过具体的、物化的形式得到了较好的传承与保存。

（二）通过宣传、舆论监督的方式，引起全民关注和重视

大众传媒一方面通过媒介的宣传报道，向本地区、本民族介绍了“刘三姐”文化的内容及保护的重要性，唤起了公众对“刘三姐”文化的关注；另一方面，媒介的报道、评论等舆论监督作用，引起了政府职能部门的重视，各地纷纷开展保护工作，并且作为一项长期工程来加以建设。目前，县、市、自治区、国家级文化遗产保护名录中均收录有“刘三姐”文化遗产，以行政手段强有力地为“刘三姐”文化保护提供了制度保障，“刘三姐”文化保护、传承工作取得了突

飞猛进的进展。此外，大众传媒的介入，使得围绕着山歌、戏剧、舞蹈、手工技艺等“刘三姐”文化的民俗旅游业、文化产业等受到了社会公众的青睐，同时还带动了与之相关的地方经济的发展，客观上也起到了保护和传承的积极作用。

（三）新传播媒介与新观念为“刘三姐”文化传承发展提供创新机会

一种文化想要发展，必须是将文化的传承积累与发展创新相结合。通过大众传媒的传播，“刘三姐”文化在内容上得到了传承，在形式上有所突破，在观念上得到了创新。在“CCTV 西部民歌电视大赛”“CCTV 青年歌手电视大奖赛”“南宁国际民歌艺术节”等优秀音乐节目中，我们都能看到壮族原生态歌手的精彩演绎，这对传承和发展壮族民间音乐是极好的方式。新科技、新形式与传统民俗内容相结合，给“刘三姐”文化的文本传承和表演技艺的创新提供了技术支持。同时，与时代发展相适应的思想观念，也随着大众传播媒介的无孔不入逐渐观照起传统的民族价值观，为传统民俗、民间工艺、舞蹈、音乐、戏剧等提供了更为广阔的创新思路。

四、对大众传媒传播“刘三姐”文化的建议

（一）通过话题导向作用，引导全社会持续关注“刘三姐”文化

大众媒介或许无法从根本上决定人们如何看待一个问题，但却能在很大程度上决定人们思考什么，关心什么。“新闻报道中强调的议题成为公众认为最重要的议题。换句话说，新闻媒介设置了公

众议程。”[①]媒体通过大量的集中的报道来吸引公众的注意力。由广西广东各地的“三姐故乡之争”到2004年7月6日广西壮族自治区人民政府正式下发文件，同意宜州市流河乡更名为刘三姐乡，网络、报纸、期刊等在这期间都从历史、文化、民俗、民意等不同角度给予了讨论、分析。由此可以看出，大众传播媒介的话题导向功能有着巨大优势和强大力量，能整合政府、社会和个人等各个方面的力量参与对“刘三姐”文化的思考，从而形成主动关注并积极行动来传承民族文化的社会舆论氛围，促使社会各层面的人员都参与其中，达到全方位、多角度地实施对民族文化遗产的保护和传承。

大众传媒对“刘三姐”文化的保护、传播、传承和发展起着举足轻重的作用，然而，“刘三姐”文化保护和传承的长期性、复杂性和艰巨性也要求大众传媒能长期坚持深入地对此进行关注，不能仅仅在“三月三”、民歌艺术节到来时集中热炒一番，过后便将这一话题置之不理，应从传播“时段”及“时长”方面给予关照，让“刘三姐”与民众常见常新。

（二）充分利用大众传媒特性，传承“刘三姐”文化

凭借着先进的传媒手段和传播技术，大众传媒能够跨越时空的限制，对于传承和发展“刘三姐”文化所起的作用是其他任何一种传播媒介所望尘莫及的。报纸、广播、电视等现代传媒能运用文字、录音、录像、数字化多媒体等各种方式，尽可能真实、全面、系统地记录“刘三姐”文化传承的各种形态和状况，并将音像资料及相关实物加以整理妥善保存，为传承提供基本条件。当然，传统文化并不等于

---

① ［美］M.麦库姆斯：《议程设置：大众媒介与舆论》，郭镇之、徐培喜译，北京：北京大学出版社，2008年，第2页。

文明文化，更不等于先进文化。因此，大众传媒在向受众展示民族文化时也应该有所取舍，所展示的内容应是民族文化中的精髓部分。

（三）多管齐下，推动“刘三姐”文化走产业化之路

尽管大众传媒的诸多媒介都参与“刘三姐”文化的传播，但是传播的数量、形式、内容方面也不均衡，如书籍、电影比较少，报刊、网络较多；偏重纯文化艺术赏析，产业化程度低。

随着时代的发展，民族文化走产业化、市场化的发展之路成为一种必然趋势。“刘三姐”文化要得以高效的传播和保护，必须借助大众传媒作为平台，不能因其是原生态的文化，我们对它的开发利用就仍然采取那种古老的传统的传播方式。“印象·刘三姐”“南宁国际民歌艺术节”便是成功的典范。对刘三姐民间传说、故事、山歌的传播，依旧口口相传已是不合时宜，现在一些影视文化公司已经运用科技手段把民间故事制作成动画片，如《哪吒闹海》《宝莲灯》《花木兰》等，将动画艺术与科学技术融合，实现艺术生产与文化产业现代化，使民族文化遗产资源的原创性表现形式有所更新，以生动感人的艺术形式广泛传播，深受人民群众喜爱，既发挥了良好的社会效益，也创造了可观的经济效益。“刘三姐”文化中的诸多民间故事，同样可以制作成影视动画、漫画等，还可以形成相关产品的开发，把最具民族特色的艺术品传播出来的同时，又收获了商业利益。在民族文化产业化的过程当中，需要三种力量共同介入——研究者、政府和产业化的商业力量。以学术研究为先导，发挥政府和商业市场的力量，培养族群自我发展的造血功能，让民族文化在经济全球化的背景下参与竞争，通过大众传媒渠道，产生既有自己的特色，又赢得大众欢迎的适应市场需要的新型文化。

博物馆如何利用纪录片传承民族文化

——以广西民族博物馆为例

/廖　华/

[摘　要]　为了更好地传承民族文化，广西民族博物馆着力于“文化记忆”工作，即培养影像纪录的专业人员、推动乡村影像活动、与高校实行长期合作，以及拓展纪录片的传播平台，这些举措取得了一定的成绩，也为博物馆如何传承民族文化提供了有益的参考。

[关键词]　广西民族博物馆　民族文化传承　策略

我国有着丰富的民族文化资源，但是随着经济全球化的到来，随着城镇化建设速度的加快，很多民族文化面临失传的危险。民族的传统文化逐渐丢失，值得我们深思。博物馆作为文化事业的重要组成部分，应该承担起文化传承的责任。广西民族博物馆近几年一直致力于“文化记忆”的影像工作，主要通过纪录片的形式保护和弘扬民族文化，并且取得了很好的效果。笔者试分析广西民族博物馆影像活动的实践内容，由此探究博物馆利用纪录片传承民族文化的路径与策略。

一、培养影像纪录的专业人员

广西民族博物馆首先从馆内工作人员开始，培养他们用影像记录文化的能力，并且不定期进行集中培训。为了使学员更快入门，掌握要领，还请来云南大学影视人类学研究所陈学礼、李昕等专家学者授课。课程的内容主要为纪录片制作，包括选题、录像、剪辑等知识。经过多次的强化训练，馆内工作人员已经拍摄了不少关于广西民族文化的纪录片。笔者就其中几部片子加以分析。

白裤瑶是我国古老瑶族的一个分支，因男子长年穿着长仅掩膝的白色土布扎腿裤而得名，主要居住在广西南丹县及贵州省荔波县一带的山区。由于比较完整地保留了许多祖先遗风遗俗，所以白裤瑶与云南摩梭人一样被称之为中国人类活化石的独特族群。2004年，作为广西民族博物馆的工作站之一，广西南丹里湖白裤瑶生态博物馆建成开馆，馆址设在南丹县里湖瑶族乡怀里村。何春、黎夏等南丹生态博物馆工作人员接受影像纪录的培训后，积极用镜头语言展现白裤瑶丰富多彩的民族文化。

铜鼓是白裤瑶财富和权力的象征，也是民族精神的寄托，因此铜鼓在白裤瑶心中是圣物。为了表示对铜鼓的敬意和崇拜，每次买来新的铜鼓都要给其举行命名仪式。何春《白裤瑶铜鼓安名仪式》给我们展现了白裤瑶铜鼓命名仪式的全过程。片子的开头说："有一个老人，他是魔师，住在蛮降屯。今天，他儿子买了一面新的铜鼓。我去看他做给铜鼓安名的仪式。老人说，铜鼓就像新生的婴儿一样，来到世上，都有自己的亲生父母，父母给婴儿取名字，这才珍贵。铜鼓,他也像人一样,他有他的生命,他的灵魂。”[①]以讲故事的方式切入,开篇的解说词像是在述说一个古老而神秘的传说,很快吸引了观众的眼球,并且奠定了整个片子庄重古朴的基调,意境悠远。

白裤瑶的葬礼严肃而虔诚,隆重而奇特,需要举行“打铜鼓”“开牛”“跳老猴舞”“长宴席”等仪式,极具神话色彩。至于葬礼是何时、由何而来,为什么如此复杂,至今仍是未解之谜。过去我们大多从文字或图片中了解白裤瑶的葬礼,何春和黎夏所拍摄的《白裤瑶人的葬礼》则使我们得以窥探葬礼的真实面貌,从而加深我们对白裤瑶民族文化的认识。

黎夏的《瑶纱》讲述瑶族的服饰文化。瑶族的服饰种类繁多、五彩斑斓,这与其发达的染织业分不开。从种棉、轧花、纺纱、跑纱、煮纱、晒纱、梳纱、织布直到靛染、刺绣、缝制过程,基本都是由瑶族妇女手工完成。对于瑶族服饰,我们较多关注的是图案艺术或审美变迁,而《瑶纱》则变换视角,主要记录服饰的制作工艺。透过复杂的工序,我们对瑶族服饰何以秀丽精巧有了深一层的理解。

那坡黑衣壮是壮族的一个支系,主要聚居在广西那坡县境内。由于地理条件的影响,黑衣壮以玉米为主食;腊肉、腌酸肉、玉米煎饼、南瓜饭、粽粑、五色糯米饭和自酿米酒是当地的风味小食品,这些是我们所熟知的那坡人的饮食文化。那坡黑衣壮生态博物馆的工作人员韦青山所拍摄的《咸面制作》则向我们介绍了那坡人另一种美食,即“咸面”,原料为当地种植的南瓜苗,是纯手工制作,反映

---

① 广西民族博物馆网站,网址:http://www.gxmn.org/culture.html? cate = 129&page = 2,浏览时间:2013 年 7 月 5 日。

了广西那坡北部山区独特的饮食习俗。

除了上述论及的几部作品，工作人员还拍摄了《白裤瑶的外国干爹》《跳盘王》等纪录片。这些片子选材新颖、意蕴深厚，向世人展现了广西民族文化的无穷魅力。黎夏说："我把大家认为我们民族很神秘的东西拍下来，作为与外界沟通的桥梁，这个事情非常有意义。"①的确，文化需要传播才能得到更好的传承，而纪录片正是文化传播和传承过程中的重要桥梁。

二、积极推动乡村影像活动

中国民俗学会理事长刘魁立认为："在目前的非物质文化遗产保护工作中，政府比民间积极，民众的主体性没有得到很好的体现，保护力量都是外加的。"②北京大学世界遗产研究中心主任谢凝高教授亦指出："文化遗产的保护，需要贴近公众。要让大家意识到，文化遗产离我们并不遥远，保护文化遗产是我们每一个人的使命。文化到处存在，就在我们的身边。我们过节日的方式，可能是文化遗产。有的人生活在古城里，古城里有的东西具有突出普遍价值，就也可能是文化遗产。"③广西政府非常重视民族文化的传承和保护，但是仅靠政府的力量是不够的。群众才是文化遗产真正的主人。那么，如何使群众真正意识到文化传承的重要性，并且以主人翁的身份参与进去呢？为此，广西民族博物馆积极开展了乡村影像

① 李丽：《追寻我们的文化记忆》，《南国早报》2013 年 5 月 18 日，第 26 版。

② 沈静：《非遗保护：过度物质化之忧》，《工人日报》2009 年 6 月 14 日，第 2 版。

③ 黄玮：《谢凝高：文化遗产是国家和民族凝聚力的标志和象征》，《解放日报》2006 年 6 月 9 日，第 11 版。

活动，即鼓励村民加入纪录片制作的培训班，然后让村民自己拿着相机拍摄他们最为熟悉的文化。

随着DV摄录机的出现，影视制作不仅限于专业影视领域，而是走进平常百姓家。越来越多的人采用DV拍摄家庭录像，包括生日宴会、婚礼喜庆、出行纪游等，然后在电脑上利用软件做些剪辑，放给亲戚朋友观看。这种简单易操作的记录方式日益受到大众的欢迎。爱好摄影的云南藏族农民汪扎就花了4000元买来一部DV，从此爱不释手，用心拍下他所在村庄的故事，乐此不疲。[①] 其实，村民也有表达文化的欲望，就是向外人展示他们独特而真实的生活。2005年，导演吴文光主持由中国民政部与欧盟合作开展的“村民自治影像计划”，组织村民自己拍摄片子，刚开始还担心没有村民愿意参与，结果村民踊跃报名，“完全没想到村民表达自己的愿望是如此之高”[②]。而且，村民也有能力将片子拍好。比如藏民汪扎被认为是“2007年中国最好的纪录片作者之一”，摩梭人尔青拍摄的《离开故土的祖母屋》获第16届国际人类学民族学大会的提名奖，在300多部作品中入围23强。[③] 尽管村民缺乏专业的眼光，但是却用最朴实的心灵捕捉画面，没有任何的修饰，拍出来的都是原汁原味的。不掺杂世俗的功利，只为了说出最纯真的心声，所以村民的片子感动人心，并不逊色于专业拍摄的纪录片。

怀着村民渴望表达和能够拍好纪录片的信念，广西民族博物馆向村民伸出合作之手，给予技能培训及摄像机等设备支持。果然，

---

① 唐文静:《拍纪录片的云南农民》,《生活新报》2009年12月23日,第16版。

② 吴文光:《中国村民影像计划:村民自治》,见何香凝美术馆编《人文之声:何香凝美术馆学术讲座集粹1997—2007(上)》,广州:岭南美术出版社,2008年,第273页。

③ 唐文静:《拍纪录片的云南农民》,《生活新报》2009年12月23日,第16版。

村民们积极响应，表示了莫大的兴趣。功夫不负有心人，在博物馆工作人员的精心指导下，村民文化保护意识提高了，如白裤瑶村民陆朝明说："我们白裤瑶的婚礼、葬礼、蜡染等等，很多生产生活习俗，都是值得记录下来的……白裤瑶的起源、老人们怎么传承本民族文化技艺，这些都是我关注的东西……因为受外面文化的影响，再过五六年，我们白裤瑶的一些习俗可能就会消失了，再不'抢救'就晚了。"①陆朝明除了有文化保护的自觉意识，拍摄的片子也不错，《取粘膏》在第三届人类学纪录影像年度论坛中获得优秀奖。粘膏来自高大挺拔的粘膏树，是白裤瑶服饰制作的必需品。很奇特的是，粘膏树离开白裤瑶村寨便不能存活了，于是"取粘膏"成为白裤瑶人独特的传统手工艺。陆朝明的《取粘膏》描述了一位老农从树上娴熟地取下粘膏的过程，由此揭开了这种手工艺的神秘面纱。

三、与广西高校实行长期合作

在清华大学百年校庆的重要讲话中，胡锦涛前总书记强调，全面提高高等教育质量，必须把"文化传承创新"作为大学的努力方向。大学应勇敢承担起这一重要责任和使命，为推进文化传承创新做出新的贡献。因此，广西民族博物馆"文化记忆"影像工作走进了大学校园。

DV 的普及使纪录片创作的门槛降低，许多非影视专业出身的创作者得以进入到纪录片的影像生产之中，包括庞大的学生群体。然而，经济全球化时代，大学生过多迷恋于潮流文化、西方文化，对

① 李丽：《"再不'抢救'就晚了"》，《南国早报》2013 年 5 月 27 日，第 42 版。

本族文化不够关心，又遑论保护呢？中国文联副主席冯骥才认为："只有人民热爱自己的文化遗产，对自己的文化充满自信，才能真正做到有效地保护文化。"[①]那么，怎样才能使学生热爱自己的文化呢？国家非物质文化遗产保护工作专家委员会委员刘锡诚指出，"青少年对我们传统文化了解的不够，因此很难体会到传统文化的魅力"，"只有了解，才能热爱"[②]。有鉴于此，广西民族博物馆到广西大学、广西师范学院、广西艺术学院等高校宣讲影像工作的内容和意义，首先是向大学生播放村民们拍摄的纪录片，让学生了解传统文化的魅力。果然，很多学生看了片子后产生了文化保护的欲望：原来广西民族文化如此多姿多彩，以前只知道流行元素的微电影，对此类纪录片关注太少，很希望也能用自己的 DV 将家乡的文化记录下来。[③] 此外，博物馆还以物质资助的方式鼓励学生拍摄纪录片，且对优秀作品颁发荣誉证书。这些举措对大学生来说无疑具有很大的吸引力，其价值意义也非常突出，既使大学生思想觉悟，意识到民族文化的博大精深，需要传承和发扬，又能让他们付诸实践，将拍摄视线从主流文化转向亟待抢救的民族文化。

大学生正处于人生的黄金时代，风华正茂的他们思维活跃，领悟能力较强，容易接受和较快掌握新鲜事物，于是总能在某一领域脱颖而出。影像纪录方面也不例外，大学生的纪录片亦能在国际舞台上获奖，如单佐龙的纪录片《借我一生》入围第 10 届德国汉诺威国际电影节国际竞赛单元；朱宇执导，刘治峰拍摄的《造云的山》获得第 18 届上海电视节"白玉兰"国际纪录片"最佳导演""最佳摄

---

① 沈静：《非遗保护：过度物质化之忧》，《工人日报》2009 年 6 月 14 日，第 2 版。

② 同上。

③ 李丽：《向大学生抛出"橄榄枝"》，《南国早报》2013 年 6 月 19 日，第 51 版。

影”两项大奖。有着知识储备和艺术修养的大学生,要是把旺盛的精力投入到文化事业中来,必将是文化保护的生力军,所以国家要求高校承担“文化传承创新”的重任。为了使高校更好地履行使命,广西民族博物馆与广西师范学院等多所高校签订协议,实行长期合作,合作内容和精神为:“合作成立影视人类学共建基地,馆方向院方提供实习基地,院方输送学员长期开展文化记忆工作;在影展中特设一个学生作品单元,单独评奖并推介到其他影展和电视台,长期约片;共同申请科研课题、项目,在民族文化研究方向上相互促进,塑造良好的协作氛围,借助影像纪录为手段,共同推动文化遗产事业的多元化发展。”①不难想象,此番合作定能大力促进广西民族文化的传承与发展。

四、拓展纪录片的传播平台

纪录片制作出来后,如果仅限于馆内工作人员、村民、大学生之间交流,那么文化传承的力量还是不够的。创作者要将纪录片这支接力棒交给其他人,也就是说,要让更多的人观看到纪录片,使他们从中了解民族文化的内涵,从而加强保护的意识,甚至自己着手拍摄相关的纪录片。因此,广西民族博物馆为纪录片寻求了多种传播的平台,详述如下:

一是举办民族文化纪录片的影展活动。2013 年 1 月,广西民族博物馆举办了广西首届生态博物馆纪录片影展。这次影展收到 20

① 广西民族博物馆网站,网址:http://www.gxmn.org/news-3343.html,浏览时间:2013 年 7 月 5 日。

多部作品,共选出最佳影片奖、最佳剪辑影片奖、最佳摄影影片奖、最佳题材影片奖等多个奖项。影展对村民来说是一件高兴的事,因为他们渴望展示自己的作品,如黄忠永、黄昌谋等村民了解到影展的消息后主动要求参展。影展还邀请了中央民族大学潘守永教授、云南大学陈学礼博士等专家学者前来指导。可以说,此次影展非常成功,不仅提供了一个让摄影人施展才华的平台,而且还充分说明"文化记忆"影像工作卓有成效。为了使第二届影展更加有声有色,博物馆还向广大群众征集作品,只要是真实反映民族文化的纪录片都可以投稿。

二是向天津卫视等电视台选送优秀影片。2012 年,纪录片《舌尖上的中国》红透荧屏,创下收视奇迹,很多只看热播剧的观众也开始关注纪录片。这两年,电视纪录片的受众群呈逐渐扩大的趋势,正如《文汇报》的一篇报道指出:"电视纪录片收视份额持续扩大,央视纪录频道为主的收视份额连续两年以 55%的速度增长,中国纪录片制作联盟日前在河南郑州成立,联盟透露,中国电视纪录片消费正在进入快速增长期,成为大众文化的重要消费样式。"①广西民族博物馆将纪录片通过电视媒体播放,这就使越来越多的人了解到广西的民族文化。

三是参与国际评奖。将作品放到国际比赛中,一方面可以对比观照,取长补短,促进成长;另一方面,要是获奖的话,可以鼓舞自己继续前进,重要的是能够引起较大的反响。广西民族博物馆将村民拍摄的作品选送到第三届人类学纪录影像年度论坛,陆朝明的《取粘膏》,以及反映稻作文化的纪录片《那田》《瑶山新禾》均获得专家

① 王磊、朱适:《纪录片收视份额连续两年增 55%》,《文汇报》2013 年 7 月 22 日,第 6 版。

的好评。专家的肯定极大激励了村民，使他们信心倍增；同时也使广西民族文化进入国际视野，从而有机会得到更多的支持和帮助。

四是将纪录片放到网站，免费提供观赏。网络的兴起，带来了全新的传播方式，也为纪录片开辟了新的空间。网络纪录片频道相继出现，如CNTV中国网络电视台纪实台、搜狐高清纪录片频道、腾讯视频纪录片频道等等。不受时间限制，网民可以随时选择自己感兴趣的纪录片细细品味。观看过程中，如果遇到不懂的内容，还可以将片子反复来回播放，直到弄懂为止。尤其是关于手工技艺的纪录片，未必观看一次就能学会。网络媒体的众多便利使网络记录片的前景十分广阔。广西民族博物馆正是抓住了网络纪录片的优势，将《咸面制作》等纪录片免费放到本馆的网站上，让不同阶层的受众都可以观看。

博物馆是一个记载历史、弘扬文化、教育民众的场所，历来有保护文化的优良传统。随着经济全球一体化，面对趋于消亡的民族文化，以及影像技术的发展，如何更好传承民族文化遗产，是博物馆不容忽视的问题。广西民族博物馆倡导“人人都是文化遗产的主人”，培训馆内工作人员、村民和大学生利用纪录片留住民族文化，并为纪录片提供多样的传播渠道，使逐渐枯萎失传的民族文化得到保护。与民众合作，共同建立“民族文化影像资料库”，这是非常有益的尝试，值得各类博物馆学习和借鉴。

广西民族文化传承与发展的新策略

——发挥纪录片教学的作用

/廖　华/

[摘　要]　纪录片教学作为广西民族文化传承与发展的新路径，有如下理由：纪录片真实可靠、形象生动和传播广泛，在民族文化保护、传播和传承中优势突出；承担着传承文化使命的大学生日益成为纪录片生产的重要群体，但是他们创作民族文化的纪录片并不多。有鉴于此，纪录片课程的教学可通过播放相关影片、邀请导演到校讲学、鼓励学生走进民间、建立交流网站和举办影展等多种渠道，培养大学生利用影像记录广西民族文化的兴趣和能力。

[关键词]　纪录片教学　广西民族文化　传承　发展

经济全球化时代，要传承与发展广西民族文化，就应当顺应时代潮流，寻找新的路径。利用大众传媒的制作技术和传播途径，充分发挥大众传媒的特点和优势，保护、传承民族文化，以纪录片的形式将民族文化记录下来，就是最有效的方法和途径之一。广西是民族文化的富矿区，民族文化资源丰富，单靠专业人士拍摄民族文化的纪录片是不够的，所以发挥纪录片教学的作用，让广大的高校学生都参与到这一工作中，是非常必要和有意义的。因为大学生有着承担文化传承与创新的重要责任与使命，而且纪录片在民族文化传承中优势颇多，但是，喜爱摆弄DV的大学生对于拍摄民族传统文化并不热衷。因此，广西高校在纪录片教学中应该充分发挥作用，引导大学生对民族文化的热爱，并且培养他们利用纪录片保护本土文化的能力。

一、纪录片具有传承与传播民族文化的优势

用影像传达文化已成为保护文化遗产的重要方式。其中，纪录片在民族文化保护和传播中的优势更为突出，主要体现在以下三个方面：

第一，真实可靠，资料翔实。纪录片不是电视剧，它是现实的纪录。真实是纪录片的生命，是赢得观众的第一法宝。所以，获取真实的材料是纪录片制作的关键。于是搜集资料，采访相关人员成为不可或缺的工作，而在这个过程中，影像记录显示了很大的优势。以前的文字笔录速度慢，且边听边记容易出错，尤其是一些口传心授的文化遗产，比如史诗、民歌之类，记录时未必完全领悟，但摄像能够一字不落地将内容先保存下来，之后再慢慢消化。当然，最重要的是，采访对象以镜头语言的形式出现，会让观众觉得更加真实和贴切。如主持人崔永元的口述历史纪录片《我的抗战史》，抗战老兵们的述说感动了千万观众。

第二，形象生动，意蕴深远。纪录片的真实性并不是说“见什么拍什么，一路摇晃，一路记录，鲜花与牛粪与共，一圈兜下来就是一部作品”①。“记录”与“纪录”是有区别的。前者强调资料的保存，

① 陈汉元：《发现 记录 表达》，北京：中国发展出版社，2012年，第158页。

后者着重资料的整理和分析。之所以叫“纪录片”，是因为要对资料进行形象思维和理性思维的推敲。也就是说，除了真实，纪录片还具有审美的品格。首先是艺术的审美。对于一些传统文化，比如手工艺、舞蹈之类，仅靠文字描述或照片呈现，无法形象地传达内涵。但是影像记录不同，有了声像的动态展示，观众就像欣赏一部艺术片一样，在艺术审美中感受文化精神。同时，纪录片注重艺术形式的探讨，如为了满足观众爱听故事的心理而将内容情节化。可以说，真实是纪录片的最高原则，用影像语言讲故事则是纪录片的最高境界。其次是人文价值的审美。纪录片“真实”的背后往往隐藏着哲理的思考。正如摄影评论家朱羽君所说，纪录片“着重反映人的生存状态，人的性格与命运，人与自然的关系，人对宇宙和世界的思维……其主题往往指向更为深层和更为永恒的某些方面和层次”①。纪录片并不是生活的表象，不是浮光掠影的东西，而是通过艺术手法揭示生活的本质，给人深刻的启示。

第三，传播广泛，受众参与。2012 年，纪录片《舌尖上的中国》红透荧屏，创下收视奇迹，很多只看热播剧的观众也开始关注纪录片。这两年，电视纪录片的受众群呈逐渐扩大的趋势，如《文汇报》的一篇报道指出：“电视纪录片收视份额持续扩大，央视纪录频道为主的收视份额连续两年以 55%的速度增长，中国纪录片制作联盟日前在河南郑州成立，联盟透露，中国电视纪录片消费正在进入快速增长期，成为大众文化的重要消费样式。”②此外，网络的兴起，带来了全新的传播方式，也为纪录片开辟了新的空间。网络纪录片频道

① 龙耘、朱学东：《走向 21 世纪的中国电视台长、专家访谈录》，北京：北京广播学院出版社，1998 年，第 388 页。

② 王磊、朱适：《纪录片收视份额连续两年增 55%》，《文汇报》2013 年 7 月 22 日，第 6 版。

相继出现，如CNTV中国网络电视台纪实台、搜狐高清纪录片频道、腾讯视频纪录片频道。不受时间限制，网民可以随时选择自己感兴趣的纪录片细细品味；观看过程中，如果遇到不懂的内容，还可以将片子反复来回播放，直到弄懂为止。同时，网络纪录片频道还提供了观众言论的平台。所有观众在一个平台上进行交流，大家集思广益，提供宝贵的意见，有时还能因此形成社会话题，促进纪录片的发展。

从以上分析可知，纪录片兼具真实性与艺术性，传播的范围也比较广泛。这些优势无疑使纪录片成为文化传承与传播的重要桥梁。

二、大学生有拍好纪录片的能力，但对民族文化关注不够

DV的普及使纪录片创作的门槛降低，许多非影视专业出身的创作者得以进入纪录片的影像生产之中。导演吴文光曾说过，拿着像笔一样小巧的DV机，他可以像作家写作一样做纪录片。[①] 可见，DV给创作者带来的便利。所以，大学生中不乏影像记录的爱好者。笔者以为，当代大学生纪录片创作呈现出如下几个特点：

首先，大学生纪录片交流平台宽广。大学生DV创作群日益庞大，他们之间交流的平台也越来越多。如“科讯杯”国际大学生影视作品大赛、中国大学生电视节、上海大学生电视节、全球华语大学生影视奖、广州大学校园原创DV大赛等等。2011年，中央电视台纪

① 吕新雨：《纪录中国：当代中国新纪录运动》，北京：生活·读书·新知三联书店，2003年，第24页。

录频道与中国高等院校影视学会联合举办首届“青春中国——大学生纪录片征集计划”活动，于2012年在北京举行颁奖典礼，并且还组织了50名大学生进行为期两天的纪录片专业指导训练。中国高校影视学会会长胡智锋说：“‘青春中国’活动的目的就是借助纪录片在高校的独特角色和地位，来普及纪录片文化，推动纪录片的生产，培育纪录片的未来人才，为促进纪录片大发展大繁荣打下更广泛的社会基础，夯实更深厚的社会土壤。”①大学生是纪录片创作的重要群体，已得到影视界的重视和支持，相信随着平台的扩张，会有更多的学生参与纪录片的创作。

其次，大学生能够拍好纪录片。大学生正处于人生的黄金时代，风华正茂的他们思维活跃，领悟能力较强，容易接受和较快掌握新鲜事物，于是总能在某一领域脱颖而出。影像记录方面也不例外，大学生的纪录片亦能在国际舞台上获奖，如单佐龙的《借我一生》入围第10届德国汉诺威国际电影节国际竞赛单元；朱宇执导，刘治峰拍摄的《造云的山》获得第18届上海电视节“白玉兰”国际纪录片“最佳导演”“最佳摄影”两项大奖。毫无疑问，只要勤奋努力，大学生完全有能力创作出色的纪录片。有着知识储备和艺术修养的大学生，要是能将旺盛的精力投入文化事业中来，一定能够更好地保护文化，肩负起国家赋予的使命。

最后，大学生纪录片的选题集中于校园生活、青春情感和边缘人群，对民族文化关注不够。王艺茜在《我国大学生DV作品题材现状分析与前景思考》中对“科讯杯”2005年至2011年作品的题材

---

① 《首届“大学生纪录短片征集计划”颁奖庆典举行》，中国网络电视台纪录频道，2012年12月，第8期，http://jishi.cntv.cn/20121208/100054.shtml。

进行统计，按照题材所占比例排列，先后顺序为“青春情感、校园生活、边缘人群、集体活动记录、自然风光、社会现象、实验题材、女性题材、民间艺术、虚构故事、亲情题材、教师题材、少数民族、家庭婚姻、老年题材、知识普及”，其中，前三名占了绝大多数。[①] 大学是人生中的重要时段，校园是大学生最主要的活动场所，许多大学生喜欢用影像记录校园生活的故事与情感，作为青春的记忆，所以纪录片的主题往往是校园里的人与事。当然，也有不少大学生走出校园，关注流浪汉、同性恋、残疾人等边缘人群，体现了人文关怀的精神。问题是有些学生爱走极端，怀着猎奇心态或叛逆情绪创作，为了边缘而边缘从而使作品价值流失。至于民族文化类等其他作品，数量上是远远少于校园情感类的。这说明，当代大学生仍需开拓视野，多挖掘身边可贵的传统文化，而且注意深层次理解中国文化，不能带着个人主观情感造成对文化的误解。

总而言之，当代大学生纪录片创作拥有良好的交流平台，也出现了不少佳作，但是选题较为狭窄，尤其是民族文化类的题材没有得到应有的重视。

三、重视纪录片教学，培养学生传承民族文化的能力

纪录片是传承民族文化的重要途径，而渐渐成为国家纪录片生产主力军的大学生，却对民族文化关注不够。民族的文化传承与发展，高等教育责无旁贷。那么，广西高校开展纪录片教学应如何正

---

① 王艺茜：《我国大学生 DV 作品题材现状分析与前景思考》，东北师范大学 2012 年硕士学位论文，第 13 页。

确引导学生呢？笔者以为，可尝试从以下几个方面着手：

其一，在课堂上播放广西民族文化相关的纪录片。中国文联副主席冯骥才指出："只有人民热爱自己的文化遗产，对自己的文化充满自信，才能真正做到有效地保护文化。"①那么，怎样才能使学生热爱自己的文化呢？国家非物质文化遗产保护工作专家委员会委员刘锡诚说，"青少年对我们传统文化了解的不够，因此很难体会到传统文化的魅力"，"只有了解，才能热爱"②。当代大学生过多迷恋于潮流文化、西方文化，对自己本民族文化不够关心，其中很大的一个原因就是对民族文化不了解。广西民族博物馆邀请大学生拍摄以民族文化为主题的纪录片，首先是向大学生播放了相关的影片，很多学生看完片子后开始有了民族文化保护的欲望：原来广西民族文化如此多姿多彩，以前只知道流行元素的微电影，对此类纪录片关注太少，很希望也能用自己的 DV 将家乡的文化记录下来。③ 由此可见，纪录片教学需要让学生接触到有关民族文化的纪录片，这样学生才能进一步了解文化的魅力，有了浓烈的兴趣和感情后随之产生保护的意识。

其二，邀请纪录片导演到校演讲或座谈。邀请名人到校园开讲座，与学生分享成功的经验，这是很好的教学方法。四川大学侯洪教授《我与纪录片课》一文论及纪录片的教学方法，其中就强调了请导演走进课堂的重要性。他说，让学生观摩中国当代纪录片新星——张以庆的《幼儿园》后，还专门邀请了张导演光临学校，"那天的演讲会是全场爆满，文新学院，艺术学院，还包括其他高校慕名

① 沈静：《非遗保护：过度物质化之忧》，《工人日报》2009 年 6 月 14 日，第 2 版。

② 同上。

③ 李丽：《向大学生抛出"橄榄枝"》，《南国早报》2013 年 6 月 19 日，第 51 版。

而来的专业、非专业的同学,都感到获益匪浅”;四川电视台摄制的《毕业生》获第八届四川国际电视节纪录片(长片)提名奖,又特地邀请该片青年导演到课堂与同学们面对面进行交流与对话,“他们(学生)兴奋地说,这样的教学既学到了纪录片的形式,更领会到了纪录片的精神”①。侯老师以切身经验告诉我们,导演的演讲能够有效促进学生的进步。因此,教师在讲解如何创作广西民族文化类的纪录片时,可邀请相关导演来校讲学。

其三,鼓励和组织学生探访民间,让学生真正了解广西民族文化的魅力,并完成纪录片的创作。中国博大精深的文化是由广大群众所创造的,象牙塔里大学生应该学会走进社会,这样才能深切领悟文化的内涵。所以,纪录片教学应倡导学生走进民间。一方面,可利用假期时间组织学生深入农村进行田野调查,让学生与村民互动交流,从中找寻民族文化的精髓。另一方面,可鼓励学生采访剪纸、刺绣、泥塑、雕刻、皮影、陶瓷等传统文化的艺人。采访艺人并制作纪录片的过程,能使学生更好地理解文化。如大学生沈晶采访著名川剧演员陈智林,并将其真实经历拍成纪录片《角色》,她说:“我希望观众通过一段段鲜为人知的川剧往事,看到这群21世纪民族文化守望者们的艰辛与坚韧。”②该片荣获2011年第11届四川电视节“金熊猫”国际大学生“人文类最佳纪录片”奖。

其四,建立“广西民族文化”纪录片交流网站。教师可充分利用网络资源建立网站,将中国民族文化的研究资料及相关纪录片放到网上,供学生鉴赏及学习。学生也可将平时创作的纪录片传到网

① 侯洪:《我与纪录片课》,见曹顺庆、熊兰编《走向新世纪:四川大学校庆一百一十周年文学与新闻学院纪念文集》,成都:四川大学出版社,2006年,第158页。

② 赵斌:《川籍学子拍川剧纪录片获大奖》,《成都日报》2011年11月11日,第12版。

站，以便于教师指导。网站还应设有留言板，供彼此交流信息，这样就打破了时空的限制，师生之间，同学之间可以在网上自由互动。网络平台使教师能够了解学生的一些学习动态，学生能在热烈的讨论中碰撞出智慧的火花。对于新生来说，网站更是他们学习的园地，因为可以观看到师兄师姐们的作品，通过借鉴学习寻求进步。此外，网站的面向对象不仅仅是师生，还可以是村民、艺人，从而扩大受众群，提升影响力。

其五，要求学生完成一部纪录片作为期末作业，并以影展的方式评点学生提交的作品。鲁东大学张成良老师认为："影视纪录片创作是一个一揽子的教学实践尝试，创作纪录片，对于学生影片结构、镜头拍摄以及后期编辑剪辑都是挑战，能充分调动大学生的创造力，在纪录片的摄制过程中学会成长、学会团队合作，最终才能有所收获。"[①]的确，纪录片是较好体现影视创作综合能力的片种。因此，课程的期末作业最好是纪录片的形式。大学生的期末作业一般在学期结束前完成，但是有些教师由于教学任务繁重，只是给出分数而不加以点评。其实，点评作业是互动教学的重要一环，能够有效帮助学生巩固课堂知识。尽管有些学生可能是应付了事，但是大部分学生还是很认真地对待。学生辛苦完成的作品，当然是希望得到老师的指点。对于学生提交的纪录片，任课教师可在校园内举办以"广西民族文化"为主题的小型影展。邀请当地专家学者或者本校的教师担任评委，同时请来其他院校的影协参加讨论，最后给优秀作品颁发荣誉证书。学生通过影展取长补短，促进成长，而且加深了对民族文化的理解。当然，影展的规模越大越好，如 2012 年，

---

① 王文：《校园兴起纪录片创作热》，《鲁东大学报》2011 年 4 月 20 日，第 4 版。

上海市教卫党委、上海市教委主办“我眼中的民族文化——上海大学生纪录片大赛”活动，这就使更多的学生参与进来。

综上所述，纪录片是民族文化保护、传承与发展的重要方式，广西高校大学生尽管热爱拍摄，也能够拍好纪录片，但对民族文化关注不够。为了更好地完成广西民族文化传承与发展的使命，广西高校应该积极发挥纪录片教学的作用，即通过播放相关影片、邀请导演到校讲学、鼓励学生走进民间、建立交流网站和举办影展等多种渠道，培养大学生利用影像探寻广西民族文化的兴趣和能力。

网络传媒在广西民族文化产业开发中的新应用

——以青少年网络文化产品为例

/赵新新/

［摘　要］ 广西作为我国西南边境的少数民族地区，拥有丰富的自然、历史和民族文化资源。在当今经济全球化和大众传媒手段日益丰富的时代背景下，要使广西的民族文化资源得到充分开发和利用，就必须重视网络传媒的作用，开发以青少年为主体的网络文化产品。

［关键词］ 广西　民族文化产业开发　青少年网络产品

广西是我国西南边境的少数民族地区，拥有 12 个世居民族，其民族文化资源也非常丰富。为了充分利用这些资源，当前广西文化产业的开发形成了以旅游为核心，带动本地民族工业、餐饮业和各项服务业发展的形式。在这一过程中，出现了一系列问题。在经济全球化和大众传媒时代，要解决这些问题，我们就必须注重网络传媒在文化产业开发中的作用。

一、广西民族文化产业开发的现状及存在的问题

（一）文化产业的内涵

文化产业包括文化生产、文化流通、文化分配和文化消费等活

动，它是生产文化产品和提供文化服务的行业和部门的统称。资本的全球化和高科技的发展为文化产业的发展提供了资本运营和技术的基础，新闻、影视、出版、教育、信息技术、现代传媒等现代服务行业为文化找到了相应的新兴的物质和行为的载体。这些载体通过规模化运营，进入市场营销体系，将丰富多彩的商品和消费行为方式提供给大众进行消费，形成了文化产业。文化产业具有精神生产和物质生产的双重特征，但更侧重于物质生产范畴。文化产业具有领域巨大的包容性、内容样态的创新性和传播方式的垄断性等几个主要特征。

(二)广西民族文化产业开发的优势

广西是地处中国西南边疆的多民族地区，它自古就是中华民族繁衍生息的一片沃土，也是西部唯一沿海又沿边的省区。同时，由于和东盟国家山水相连，广西就形成了与东盟国家形态各异的民族文化。

首先，就自然景观而言，广西的自然遗产十分丰富，景观也极为独特。如桂北地区奇特的喀斯特地形地貌，将秀峰、清江、溶洞统一，构成一幅中国传统的丹青水墨画；位于百色的大石围天坑作为大自然鬼斧神工的又一杰作，其壮观令人无比震撼；环北部湾的海滨秀色，资源的丹霞地貌，都属于罕见的自然景观，吸引了来自五湖四海的游客。其次，广西世居的民族多达 12 个，具有民族多、分布广、历史悠久的特点，因而它还具有丰富的历史文化资源。侗族的民族建筑——鼓楼、风雨桥，就是最具代表性的例子。侗族的鼓楼属于杉木结构塔形建筑，整座建筑无需一钉一铆，而是以榫槽衔接，有的历经百年仍完好无损，堪称中国建筑史上的杰出作品。而位于桂林兴安的灵渠,是现存世界上最完整的古代水利工程,与四川的都江堰、陕西的郑国渠并称为“中国古代三大水利工程”。此外,以刘三姐为代表的歌圩文化既寄托了广西世居的各民族人民的理想,也包含着他们对自由、快乐生活的向往,不仅历史悠久,而且流传广泛。

美丽的自然景观、深厚的历史文化积淀和独特的区位优势,为广西营造出浓郁的文化氛围,为广西民族地区的文化产业开发提供了良好的基础。

(三)广西民族文化产业开发的现状及存在的问题

1.现状

目前,广西民族地区文化资源的开发和利用形成了以民族文化旅游为龙头,带动民族工业、餐饮业和各项服务业发展的形式,主要包括:

(1)在自然生态环境和民族文化传统保护得较好、具有较为奇特的自然景观或人文景观的地方,主要发展民族文化旅游业。

(2)鼓励发展特色工艺品和文化旅游纪念品产销业,培育产销工艺品和经营文化旅游纪念品的乡镇企业和民营企业。作为广西地方文化代表之一的“刘三姐”,是壮族人民心目中美与智慧的象征。1986年,南宁卷烟厂推出“刘三姐”牌香烟及商标,受到消费者很高的评价,同时,刘三姐手持绣球的美丽形象也深入人心。作为南烟集团的主打品牌,“刘三姐”从1986年到1999年共创下48亿元的产值,纳税近30个亿,畅销国内外,成为广西“唯一跻身于全国名优烟之列的品牌”。尽管2005年之后该品牌香烟已经停产,但它的品牌仍在产生影响。

(3)鼓励发展民族民间艺术展演业。《印象·刘三姐》是一台大型的山水实景演出剧,它以漓江水面为舞台,12 座山峰和天空为背景,场地有 1.65 平方公里,运用现代高科技舞台声光效果和民族歌舞的艺术形式把壮族的山歌文化,漓江农民的生产、生活场景淋漓尽致地展现了出来。自 2004 年 3 月开始公映以来,《印象·刘三姐》拉动了阳朔县的旅游及相关产业的发展,取得了高效的经济回报和社会效益。2011 年,阳朔县接待游客总人数 935.6 万人,入境游客 155.3 万人次,旅游总收入 38.6 亿,占 GDP 比重为 55.92%[①]。到了 2012 年,阳朔县接待游客总人数 1050.3 万人次,增长 12.3%,成为广西首个年接待游客超 1000 万人次的县区,实现旅游总收入 50.2 亿元,增长 30.1%,接待入境游客 171.2 万人次,增长 10.2%。[②]而《印象·刘三姐》仅 2012 年就接待游客超过 150 万人次,累计接待游客数量超过 900 万人次,这对带动阳朔经济发展、增加就业做出了巨大贡献。

2.存在的问题

一是为获取更多经济利益,对民族文化资源进行掠夺式开发,造成民族文化资源的过度利用;二是民族文化资源流失、消亡比较严重,主要表现在三个方面:民族文化器物被倒卖、收购和流失,不少民间习俗逐渐消失,许多民间工艺失传或后继无人;三是民族文化滥用比较严重,各民族地区的文化产品大多雷同,模糊了民族特色和地方特色;四是民族文化资源受到比较严重的破坏;五是反映

① 《2012 年阳朔县政府工作报告》,阳朔县人民政府门户网站,网址:http://www.yangshuo.gov.cn/zfxxgkzl/gzbg/201203/t20120319_318069.htm,浏览时间:2013 年 10 月 2 日。

② 《2013 年阳朔县政府工作报告》,新华网广西频道,网址:http://www.gx.xinhuanet.com/dtzx/guilin/yangshuo/2013-04/18/c_115438001.htm,浏览时间:2013 年 10 月 2 日。

民族文化不准确;六是民族文化的肤浅化和庸俗化。

二、网络传媒在广西民族文化产业开发中的扛鼎作用

(一)经济全球化的影响

经济全球化是指以市场经济为基础,以先进科技和生产力为手段,以发达国家为主导,以最大利益为目标,通过分工、贸易、投资、跨国公司和要素流动等,实现各国市场分工协作、相互融合的过程。经济全球化有利于资源和生产要素在全球的合理配置,有利于资本和产品的全球性流动,有利于科技的全球性扩张,从而促进不发达地区经济的发展。

世界经济合作与发展组织(OECD)认为经济全球化的一个显著特征就是"民族性和地方性的减少"。然而,在经济全球化背景下的文化产业的发展却呈现出趋异性的特征,即越是同本民族差异大的文化越容易引起人们的兴趣和关注。此外,随着经济全球化的发展,以数字技术、互联网技术、信息通信技术为主要特征的高新技术与文化产业相融合的趋势也愈加显著,这就促进了网络文化、数字内容和新媒体等产业的发展。而互联网络技术、数字技术和移动通信技术的融合则将图像、文字、影像、语音等内容整合,从而横跨通信、网络、娱乐和传统文化等各个行业,使文化产业获得更为广阔的发展空间。

广西民族文化在经济全球化时代要想长远发展,就必须顺应时代潮流,运用网络传媒等高新技术手段,发挥民族文化的优势,以民族文化的个性化应对经济全球化。

（二）大众传媒时代的到来

科学技术对文化产业的发展始终产生着极为深刻，甚至是决定性的影响。它在改变文化产业发展进程的同时，创造出了新的文化行业，扩大了文化产品的生产规模，丰富了其艺术表现手段。随着我国经济结构的调整和产业升级，以电信、IT 或互联网为代表的信息产业已逐步成为带动国民经济发展的新增长点。当代社会，数字技术、通信技术突破了传统媒体无法解决的受容量、制作成本等问题，使得消费者可以更为便捷地获取信息，一跃成为推动社会经济发展的重要力量。目前，通过各类数据库获取信息服务，已成为人们重要的信息消费方式，网络传播也成为人们最为依赖的信息提供方式。因而，互联网的受众数量也一直呈上升趋势。

截至 2013 年 6 月底，我国网民规模达到 5.91 亿，互联网普及率达到 44.1%，家庭宽带网民数 4.64 亿。我国域名总数为 1470 万个，其中“.CN”域名总数为 781 万，相比 2012 年底增长了 4 个百分点，占中国域名总数的比例达到 53.1%；“.中国”域名总数达到 27 万。中国网站总数升至 294 万个，中国国际出口带宽为 2098150M。[①] 这些都为网络传媒业的发展提供了庞大的潜在客户。

（三）青少年在民族文化传承中的主体地位

据统计，截至 2009 年底，中国青少年占总人口的比例为 13%。因而，要使广西民族文化得到良好传承，就必须发挥青少年的主体作用。

---

① 《第 32 次中国互联网络发展状况统计报告》，中国互联网络信息中心，网址：http://www.cnnic.net.cn/hlwfzyj/hlwxzbg/hlwtjbg/201307/P020130717505343100851.pdf，浏览时间：2013 年 10 月 3 日。

广西作为少数民族聚居地,有12个世居民族,因而它本身的民族文化资源既丰富多彩,又极具个性。这些民族文化不仅是对我们祖先的生活场景的直接或间接再现,而且是凝聚先民文化创造力的结晶。要使这些丰富的文化资源得以传承,我们就必须让广大青少年参与其中。另外,截至2013年6月底,在我国网民的年龄结构中,10—19岁网民占23.2%,20—29岁网民占29.5%。换言之,我国网民的53%都为青少年。此外,学生群体也成为我国网民中规模较大的群体,占比为26.8%。[①] 因此,开发以青少年为接受主体的网络文化产品已成为发展我国文化产业和促进文化良性传承的当务之急。

三、网络传媒在广西民族文化产业开发中的新应用

(一)网络游戏

1.网络游戏概况

随着网络的普及,互联网民数量迅速增加,网络游戏业显示出巨大的发展潜力。网络宽带的进一步优化,游戏开发的进步和设备硬件技术的发展,共同推动了网络游戏用户规模的扩大,从而促进了游戏产业的发展。截至2013年底,我国网络游戏网民规模达3.45亿,使用率为58.5%。[②] 根据相关部门统计,2000年时,我国网络游戏市场销售规模仅为0.3亿元,而2013年7月底上海召开的中

---

① 《第32次中国互联网络发展状况统计报告》,中国互联网络信息中心,网址:http://www.cnnic.net.cn/hlwfzyj/hlwxzbg/hlwtjbg/201307/P020130717505343100851.pdf,浏览时间:2013年10月3日。

② 同上。

国国际数码互动娱乐产业高峰论坛则指出,2013 年 1 月至 6 月底,中国游戏市场实际销售收入达 338.9 亿。从统计数据来看,网络游戏出版产业已成为我国文化产业中发展速度最快的产业。

与此同时,我国的游戏产业也发生了相应的变化:首先,随着游戏行业发展时间的加长,用户规模的增长逐步放缓;其次,游戏产品方面,由重游戏向轻游戏发展,需要花费大量时间和金钱的 MMORPG 游戏用户正在流失,ACG 及手机游戏则保持增长态势,手机游戏的增长尤为突出;第三,多端化趋势明显,游戏设备逐步丰富,除 PC 以外,平板电脑、智能手机,甚至电视,均可成为游戏终端,并提供了新的玩法和体验。中国游戏市场呈现出网络游戏与单机游戏协调发展,PC 与其他终端设备百花齐放的趋势。此外,我国一些优秀的网络游戏还从单纯的娱乐性质向文化内涵与娱乐性兼顾转变,游戏作品传播先进文化的功能也得到强化。

2.以《妈勒访天边》为故事背景的网络游戏设计

(1)妈勒访天边

《妈勒访天边》是长期流传于广西壮族地区的一则民间故事,陈金文教授在《壮族民间故事〈妈勒访天边〉的文化解读》一文中,将其情节概括为六个单元:

第一,人们认为天是有边的,想知道天边是个什么样子;

第二,大家商量找天边的事,都自告奋勇前往;

第三,大家觉得年青的孕妇去最合适;

第四,年青孕妇踏上旅途,途中生下孩子;

第五,母子俩一起找天边,沿途的人们很受感动,给他们以鼓励和照顾;

第六,母亲老了不得已留下来,孩子发誓找到天边,继续前行。

他认为这则优秀的壮族民间故事源于人们对自然的观察，表现了壮族祖先探索自然奥秘的兴趣和决心，标志着壮族科学意识的萌生和理性意识的觉醒。与此同时，故事在一定程度上还表现出了科学的“实证”精神，及通过实践去探索自然奥秘的理性意识。①

（2）游戏设计

参照《妈勒访天边》这一故事中母子“访天边”的行为，加上故事本身所具有的表现壮民族科学和理性意识萌生及壮族先民在认识世界过程中艰难求索的精神两重文化价值，可以以《妈勒访天边》作为故事背景设计出一款适合青少年的益智类闯关游戏。该游戏可以划分为“布洛陀——壮族历史回溯”“歌圩狂欢——壮族文化大展演”和“访天边——民族间的冲突与融合”三个大板块，而在各个板块之下又可以设计若干小环节。

① 布洛陀——壮族历史回溯

布洛陀是壮族先民口头文学中的神话人物，是创世神、始祖神和道德神，其功绩主要是开创天地、创造万物、安排秩序、制定伦理等。因而，游戏可以以族中长者讲述壮族布洛陀创世神话的形式为开头，同时穿插进壮族的图腾崇拜、族群分布与分支、建筑特点、服饰特点等方面的知识，并将这些知识设计成问答或者选择题的形式，问题回答正确则获得积分，积分到一定程度给予过关。通过这个游戏环节的设计，青少年会对壮民族的起源、分支等基本状况有大致了解。

② 歌圩狂欢——壮族文化大展演

在这一板块中，游戏主要围绕“三月三”传统节日展开。农历

① 陈金文：《壮族民间故事〈妈勒访天边〉的文化解读》，《贵州民族研究》，2006年第1期。

“三月三”是壮族人民盛大的节日，每年这一天，壮族青年男女都会精心打扮、心怀喜悦地向歌圩涌去。在这一板块下可以设计山歌对唱、绣球传情、竹竿庆喜、美食庆典四个环节。此外，这一板块中需要多个游戏参与者或合作或竞争来共同完成，注重的是游戏参与者的角色体验，因而不应再采取单纯的问答闯关形式。

例如，在美食庆典环节可设计做五色糯米饭的小游戏，但需要注意该游戏中的各道工序都应该是现实生活中这一活动的真实再现。在这个小游戏中，需要有角色来准备做五色糯米饭的材料，如红兰草、黄饭花、枫叶、紫藩藤等，而采摘这些植物又需要特定的工具，这就对工具生产者的角色提出要求。此外，由于该游戏的受众主要为青少年，他们对做五色糯米饭这一活动并不熟悉，对其中的配料、比例、蒸煮时间都不了解，这就需要出现一个传授者的角色。传授者可以通过扣除积分或者经验值的形式来达到帮助游戏参与者完成这一环节的目的。另外，做出来的食物，一部分可以用来售卖以赚取积分，另外一部分则可以留为“访天边”路上的食物，换取体力值。

③ 访天边——民族间的冲突与融合

这一板块是以陈金文教授概括的《妈勒访天边》故事的第四到第六个单元，即年青的孕妇踏上旅途，途中生下孩子，母子俩一起找天边为背景展开的，因而需要借用“象征—隐喻”的手法来展现母子俩在寻访天边的过程中所遇到的各种艰难险阻，而这些艰难险阻又以壮族与其他民族的冲突和融合为代表。所以，这一板块的游戏设置将重点放在广西 12 个世居民族各自的生活习俗、观念信仰及因之而产生的民族冲突和应对民族冲突的策略上。

例如，广西世居民族之一的侗族在建筑方面拥有其他民族无法企及的绝活,以其风雨桥和鼓楼的构建为代表。因而,这一板块游戏的设计,可以表现壮侗两个民族的冲突和融合。情景如下:在“妈勒访天边”的途中要经过侗族聚居地,由于两个民族彼此观念信仰和生活习俗方面的差异必然会产生冲突,当冲突累积到一定程度就必须找到解决问题的策略。针对壮侗两个民族的特点,可以设计“搭桥过河”的小游戏,涉及的桥必须为风雨桥。要求游戏参与者充分发挥团队合作精神,又使其对侗族的传统建筑有较为深刻的认识。此外,如苗族的服饰、银饰,瑶族的芦笙节等都可以作为游戏设计的底本。

(3)“妈勒访天边”游戏的价值

“妈勒访天边”游戏将广西的民族文化通过现代游戏的方式展现出来,把历史文化元素同时尚元素融合在一起,游戏的设计在注重文化内涵的同时,也能吸引青少年游戏爱好者的注意力。此外,这种类型的游戏还要求青少年在参与游戏的过程中积极了解民族文化传统,从而扩大了民族文化的影响力。

(二)动漫作品

动漫产业是极具生机和活力的新兴文化产业。党的十七届五中、六中全会就明确指出,作为文化产业重要组成部分的动漫产业发展前景十分广阔。

1.动漫产业概述

当前,我国动漫产业发展势头迅猛,产值从十五期间不足100亿元,到2010年达470.84亿元,年均增长率超过30%;原创能力不断增强,产品数量大幅增长,质量不断提高。“十一五”期间,国产电视动画片产量从8万分钟增长到22万分钟,动画电影批准备案数量从12部增长到46部，国产动画电影票房纪录连续破亿；漫画期刊年发行量从4000万册增长到1亿多册，漫画图书年发行量从3000万册增长一倍以上；一批动漫企业和动漫品牌崭露头角，动漫产业链日益完善，动漫“走出去”步伐加快，动漫在社会生活各领域的应用更加广泛，动漫产业的发展面临着极为有利的条件。①

2.广西民族文化发展动漫产业的优势

(1)丰富的民族文化资源

广西作为一个多民族聚居的西部省区，有12个世居民族。由于这些民族各自的信仰和生活习俗迥然不同，这就产生了丰富多彩而又极具特色的文化资源，如壮族的“布洛陀”神话、“刘三姐”传说和“妈勒访天边”的民间故事，侗族的“珠郎和娘美”“门龙”等传说，瑶族“盘王节”的传说，等等。这样深厚的文化底蕴必将为动漫产业的发展提供诸多灵感和素材。

(2)广阔的市场前景

我国是世界第一人口大国，这为中国动漫产业的发展奠定了坚实的受众基础。此外，相关调查显示，我国目前动漫产业的消费群体以儿童为主，青少年动漫所占比重不高，而成人动漫领域几乎是空白。根据国外动漫产业发展经验来看，青少年和成人动漫市场终将成为中国未来动漫产业发展的重要组成部分。

(3)国家政策的扶持

2012年7月12日，文化部指出，“十二五”期间我国要着力打造5至10个知名国产动漫品牌和骨干动漫企业，培育出一批具有

---

① 《动漫业：矮小的巨人》，中国国际动漫网，网址：http://www.chncomic.cc/info/201204/9745.html，浏览时间：2013年10月4日。

较强市场意识、国内外知名的动漫艺术家和企业家，使动漫产业的影响力、辐射力、带动力持续增强，动漫在社会生活各领域的普及应用更加广泛深入，从而让其成为文化产业发展的重要增长点。[①] 此外，为进一步完善支持动漫产业发展政策体系，我国政府还采取了加大财政投入，加大国产原创动漫形象、品牌和衍生产品的知识产权保护力度，完善投融资政策，实行税收优惠，加强组织实施等保障措施，从而为动漫产业的发展提供一个良好的外部环境。

3.“刘三姐”传说的动画片设计

（1）“刘三姐”传说

“刘三姐”是壮族民间传说中的人物，她既有壮族勇敢豪爽、顽强不屈、坦诚直率的民族性格，又有天真活泼、诙谐幽默、自由开朗、无拘无束的个性。《刘三姐》作为一部千锤百炼的杰出作品，其发展主要经历了以下几个阶段：

① 1953 年，邓昌龄创作了彩调剧《刘三姐》，这是“最早的彩调剧《刘三姐》剧本”。

② 1957 年 5 月，宜山人民桂剧团根据肖甘牛提供的民间故事，以“搭桥”形式排演桂剧《刘三姐》。

③ 1958 年，在邓昌龄第一稿和桂剧搭桥剧的基础上，柳州市彩调团经过改编形成了比较完整的剧本“第三方案”。后来又在此方案基础上经过改编加工，形成了“第五方案”“第九方案”等。

④ 1960 年，长春电影制片厂导演苏里、编剧乔羽、作曲家雷震邦观看了《刘三姐》的演出后，将其改编拍摄成电影。电影《刘三

① 《动漫十二五规划出炉 重点扶持新媒体动漫》，中国国际动漫网，网址：http://www.chncomic.cc/info/201207/12235.html，浏览时间：2013 年 10 月 4 日。

姐》一经上映，便好评如潮，而“刘三姐”也成为家喻户晓的人物。

通过对各版本的比较与甄别，彩调剧《刘三姐》“第三方案”已经具备了完整的故事情节，丰满的人物形象，人物语言非常诙谐幽默，因而将其作为动画片《刘三姐》的底本。其情节概括分为几个单元：

① 中秋歌节夜，刘三姐和众人在歌圩赛歌。莫怀仁的管家带家丁到歌圩捉拿兰芬抵债。三姐打抱不平，同众人唱歌骂退莫家家丁。

② 莫怀仁设计陷害刘三姐。

③ 媒婆到三姐家说媒遭拒，莫怀仁要拿刘二到官府治罪。三姐提出对歌，唱赢的许婚，输了便不能再提婚事，并将旧债一笔勾销。

④ 莫怀仁请来了陶、李、罗三个秀才与三姐对歌，三个秀才节节败退。

⑤ 州官禁歌，遭到三姐和众人的抵制。莫怀仁气急，欲杀三姐和小牛泄愤。

⑥ 莫怀仁带家丁上门谋害刘三姐，三姐与小牛等人设计逃走。

⑦ 刘三姐与小牛逃到柳州，拜渔翁为义父。三姐与小牛成婚，婚礼上遇到莫怀仁勾结州官禁歌，捉拿刘三姐。三姐与小牛跳入龙潭，骑鱼上天成歌仙。

(2)动画片《刘三姐》的设计

根据彩调剧《刘三姐》“第三方案”的主要情节，在设计动画片《刘三姐》时，将其分为“歌圩对歌、赛歌斗智、禁歌出逃、遭害化仙”四个板块。

在“歌圩对歌”这个版块，把歌圩作为背景来表现壮族青年男女之间的自由相恋风气，突出“刘三姐”的能歌善唱。这一板块可以将壮族的山歌文化引进来。“赛歌斗智”讲述的是刘三姐唱歌骂退莫家家丁，并与陶、李、罗三个秀才对歌，三位秀才节节败退的故事。这一板块以彩调剧《刘三姐》“第三方案”第一到第四单元为原型。“禁歌出逃”参照彩调剧《刘三姐》“第三方案”第五、第六个单元，讲述州官禁歌，刘三姐和小牛设计出逃。“遭害化仙”这一板块主要讲述刘三姐与小牛的结局，是对彩调剧《刘三姐》“第三方案”第七单元的演绎。

(3)动画片《刘三姐》的营销手段

首先，完成动画片《刘三姐》的故事设计后，可以由政府出面向社会公开征集动画片《刘三姐》的人物形象设计，由专家学者从中选出设计合理、角度新颖的作品，对入选设计者进行嘉奖。通过这一系列活动，在上映之前，动画片《刘三姐》就取得了极大的宣传效应，还将产生品牌互动的效果。

其次，网络传播对提高产品的知名度起着巨大的作用。因此，在动画片《刘三姐》上映前的宣传推广中，要尤其注重网络传播的作用。截至 2013 年 6 月底，我国微博网民规模为 3.31 亿，网民中微博使用率达到 56.0%。[①] 目前微博已经成为网民获取信息的一个主要途径，它从满足人们弱关系的社交需求的手段逐渐演变为大众化的舆论平台，越来越多的机构及公众人物都通过微博来发布或传播信息。微博集娱乐、社交、休闲、营销于一身，满足了人们在碎片化时间里弱关系低强度的上网沟通需求，吸引了大批用户。这就要求我

① 《第 32 次中国互联网络发展状况统计报告》，中国互联网络信息中心，网址：http://www.cnnic.net.cn/hlwfzyj/hlwxzbg/hlwtjbg/201307/P020130717505343100851.pdf，浏览时间：2013 年 10 月 3 日。

们在推广动画片《刘三姐》时要充分发挥微博的作用。在动画片上映后，可以由官方出面建立与该动画片相关的虚拟共同体，如贴吧、论坛等。一方面有利于观众及时向动画片的设计和制作团队反馈信息，另一方面也有利于观众之间的信息互换和分享心得。

再次，还要重视动画片《刘三姐》的技术创新，以提高其盈利水平，如在动画片上映结束后，可以将其中的人物造型应用于玩具和礼品，形成创意文化商品。这些商品虽然投入成本高，但其复制成本低，这样以动画片《刘三姐》为核心衍生创造出更多的商品和服务，从而延伸其文化产业链。

我们现在处于一个网络信息高度发达的时代，以数字技术、通信技术为代表的信息产业已逐步成为带动国民经济发展的新增长点。网络传播作为人们最为依赖的信息提供方式，已成为信息时代人们进行文化产业开发的重要组成部分。因此，把开发以青少年为主体的网络文化产品作为契机，推动广西民族文化产业的开发，成为当今广西民族文化资源开发与利用的新途径。

原生态与时尚元素的两难抉择

——从彩调剧《刘三姐》到《印象·刘三姐》

/杨宁宁/

[摘　要]　刘三姐从壮族口头流传的故事，到文学文本的《刘三姐》，再到彩调剧、电影《刘三姐》，壮族原生态的文化元素得到充分展现。张艺谋的《印象·刘三姐》则凸显了时尚元素。从彩调《刘三姐》到《印象·刘三姐》，壮族原生态的文化元素在减少，时尚的文化元素在增加；刘三姐的形象被弱化，具有时代感的时尚元素则不断地增强。这种改变折射出民族文化在传承发展和开发利用中面临的瓶颈问题，只有建立民族文化开发利用的评价体系和评估机制，才能有效地解决这一瓶颈问题。

[关键词]　彩调《刘三姐》　《印象·刘三姐》　民族文化开发利用

2004年3月由著名导演张艺谋、王潮歌、樊跃三人执导的大型山水实景演出《印象·刘三姐》(以下简称《印象》)在桂林阳朔一炮打响，无论是官方、媒体，还是游客都好评如潮。《印象》在推动刘三姐和壮族文化走向全国，走向世界上起到积极的作用，功不可没。一时间在全国各地掀起了一股实景演出的“印象”风潮，仅张艺谋、王潮歌、樊跃铁三角组合就陆续推出了《印象丽江》《印象西湖》《印象大红袍》《印象海南》等一系列的大型实景演出。《印象》的总策划梅帅元也在全国各地推出了《禅宗少林·音乐大典》《印象·井岗山》《成吉思汗》《大宋东京梦华》等大型实景演出。这些都显示出《印象》对全国演艺市场、旅游市场的影响和冲击是巨大的,同时对我国民族文化的传承发展也产生不小的影响。

刘三姐从壮族民间口头流传的故事,到历史文献,再到文学文本《刘三姐》(1956 年肖甘牛发表于《新观察》的民间故事)。其故事在传承发展中被不断丰富,人物形象被塑造得更鲜明、突出。1959 年广西宜州、柳州两地彩调团先后以肖甘牛的《刘三姐》为蓝本,创作了彩调剧《刘三姐》,在此基础上长春电影制片厂拍摄了电影《刘三姐》,之后广西歌舞团排演了歌剧《刘三姐》,直到张艺谋的《印象》。刘三姐作为壮族文化、歌圩文化的代表,在传承中不断地发展变化,其文化内涵在发展中得到不断地丰富和彰显。彩调剧《刘三姐》将原来零散、杂乱的各种刘三姐传说、故事作了系统的整理、提炼、浓缩和升华。从彩调《刘三姐》到《印象》,壮族原生态的文化元素在减少,时尚的文化元素在增加;刘三姐的形象被弱化,具有时代感的时尚元素不断地增强。这种改变折射出民族文化传承、发展、嬗变的轨迹,也折射出我国各民族文化在其传承发展过程中面临的种种问题,究竟该如何应对,值得我们认真思考和探索。

一、彩调剧《刘三姐》的原生态魅力

彩调剧是一种广泛流行于广西城乡的地方戏曲,它起源于康熙初年,俗称调子、彩调、彩灯、哪嗬嗨等,属于灯戏,是由桂林地区农村歌舞、说唱衍化而成的"对子调",约有剧目 500 种。彩调剧主要流行于以桂柳方言(西南官话)为通用语的广西桂林、柳州、河池、百色的汉族、壮族等各民族聚居和杂居区域。彩调剧在内容题材表现上有自己的特点,它以反映普通民众的生产劳动、日常生活为主要特色,不涉及重大的政治、历史事件,及上流社会的官场斗争。

彩调剧有着广泛的群众基础,它通过对普通下层民众真善美的歌颂,谴责批判了种种假恶丑的社会现象。它擅长表现下层小人物的聪明智慧和悲喜忧愁,形式短小,灵活自由,风格轻松活泼,风趣幽默,俏皮诙谐,具有浓郁的乡土气习和民族气习。它集歌唱、舞蹈、表演于一体,深受广西城镇乡村民众的喜爱。三百年来,彩调剧经过长期的演出锤炼,已经形成了一批传统的经典剧目,如《双打店》《双推磨》《一抓抓磨豆腐》《王小二过年》《王三打鸟》《二女争夫》《打烂瓢》《恶媳变牛》等。彩调剧《刘三姐》的推出,成为彩调剧发展的一个高峰。2006 年彩调剧成为国家首批非物质文化遗产。

彩调剧《刘三姐》最早在 1959 年由广西宜州的剧团根据壮族作家肖甘牛创作的民间故事《刘三姐》改编而成。宜州《刘三姐》演出后大受欢迎。1959 年柳州彩调团把创作的彩调剧《刘三姐》带到南宁参加汇演,受到热烈欢迎和肯定,由此广西掀起了《刘三姐》的演出高潮。据统计当时广西演出《刘三姐》的单位有 1209 个,参加演出的演员有 58000 余人,全区看过《刘三姐》演出的观众约 1200 万人次。① 其盛况和普及程度堪比"文革"时期各地排演样板戏的状况。

电影《刘三姐》是在彩调剧《刘三姐》②的基础上拍摄的,它最大限度地保留了彩调剧的剧情、人物、音乐和山歌,电影一经放映即风

---

① 罗岗生、李莲芳编:《刘三姐研究资料集》,南宁:广西人民出版社,2007 年,第 2—3 页。

② 《刘三姐》的彩调剧、歌舞剧、电影剧本有多种,本文所用本子为彩调剧第三方案,见邓凡平选编《刘三姐剧本集》,南宁:广西民族出版社,1996 年。

靡全国与东南亚。人们通过观看《刘三姐》,了解了壮族文化和广西的刘三姐。从此,刘三姐成为广西的名片。壮族的山歌及广西的彩调剧也因《刘三姐》而扬名天下。壮族文化及彩调剧也因《刘三姐》的演出得以传承和发展。彩调剧《刘三姐》成功的秘诀,就在于它将壮族原生态的文化展现给亿万观众,主要表现在以下几个方面:

(一)喜唱山歌为壮族传统风俗

壮族人民喜唱山歌,善唱山歌成为传统风俗。壮族日常生活离不开山歌,无论生产劳动,还是居家生活,无论谈情说爱,还是交游聚会都唱山歌。在壮族地区,小孩自幼就生活在浓浓的山歌氛围里。两三岁在父母背上去赶歌圩,四五岁已听懂山歌,七八岁能跟大人一起唱山歌,十一二岁会自编自唱,十七八岁在歌圩上已经身经百战。青年男女到了怀春的年龄,开始以歌传情,以歌择偶。据黄现璠《壮族通史》介绍,壮族的长辈对晚辈,父母对子女传教山歌时,常将天文地理,道德伦理,生产、生活知识经验融入其中。刘三姐被壮族喻为歌仙、女神,她以善唱山歌、传授山歌而闻名,是壮族山歌的代表。彩调剧《刘三姐》有许多情节表现了壮族人处处与山歌相伴的生活情景。如第一场中秋节青年男女的对歌,三姐与李小牛对歌的情节,第四场刘三姐与秀才的对歌,第五场刘三姐与众乡亲反抗莫老爷禁歌等。剧中的山歌比对白多,情节发展以山歌演唱来推进。据统计,全剧演唱山歌 160 首,这是编剧们在十万余首山歌的基础上,精心筛选和修改提炼出来的,[①]如《唱山歌》《藤缠树》,还有许多盘歌等一直传唱至今,人们爱不释“口”。这些山歌,把壮

---

① 罗岗生、李莲芳编:《刘三姐研究资料集》,南宁:广西人民出版社,2007 年,第 4 页。

族山歌的优美动听，把壮族人处处离不开山歌的原生态生活表现出来。

（二）表现壮族传统的伦理道德

壮族人民崇尚自由，追求生命的自由与快乐，追求纯朴、简单的生活。这种道德观念在剧中用山歌唱了出来："壮家本来爱唱歌，唱得情和意也和。""三姐从小爱唱歌。唱歌就是姐的命，天生爱唱莫奈何。""唱首山歌解心忧……唱歌解得万般愁。""穷人嘴巴封不住，要禁山歌万不能。"壮族人民不畏强权、敢于反抗、敢于斗争的精神通过刘三姐的山歌唱了出来。"你会腾云我会飞，黄蜂歇在乌龟背，你敢伸头我敢锥。""你是山中画眉鸟，我是游山打猎人，利箭扣在弓弦上，叫你有翅难飞行。""好笑州官禁山歌，打起铜锣满村喊，谁知越禁歌越多。""刀砍杉树不死根，火烧芭蕉不死心，刀砍人头滚下地，滚上几滚唱几声。"壮族人婚姻爱情上崇尚恋爱自由，婚姻自主。正如歌里唱的："有心结交不用媒……唱起山歌牵手回。""风吹云动星不动，水推船移岸不移；哥有情来妹有意，利刀难砍水分离。""连就连，我俩结交定百年，哪个九十七岁死，奈何桥上等三年。"还有壮族人民热情好客，团结互助，路见不平，拔刀相助的伦理道德观念，在剧中都有表现。

（三）表现壮族的审美意识和价值取向

每个民族的"艺术鉴赏过程又使每个民族成员具体接受民族个性心理特征的影响，从而更进一步强化他们审美心理的民族特征”[①]。壮族是一个歌唱的民族，他们的生活离不开山歌，唱山歌既是壮族人民的一种精神追求，也是他们的娱乐活动，还是他们学习知识，教育晚辈的一种方法。壮族山歌包含有许多生活知识、劳动技能、劳动经验，还有他们立身处世的方法和道德评价标准。所以一个人是否会唱山歌，唱歌水平的高低，成为社会衡量和评价他才能高低的标准。这种审美心理和评价标准体现出壮族的审美特征。刘三姐善唱山歌，受到众人的推崇和喜爱，各地民众纷纷慕名来与三姐对歌，热情邀请她去传歌。在刘三姐的传说中很少有关于她的外貌描写，壮族群众对三姐的喜爱和崇拜体现出他们的审美追求和价值取向。壮族对女性的审美认识上更务实些，人们对刘三姐的赞美不在其容貌，不在其服饰，而在她的才智美和品德美。刘三姐的山歌，处处体现出她的聪明智慧，她的勤劳、善良、正直、勇敢、侠义和爱打抱不平，不慕荣华富贵。这些优秀的品质使她在壮民心中享有很高的威望。人们赞美她，把壮族人民的聪明、智慧集中在她身上，她成为壮族人民心中智慧、美丽的化身。

（四）表现壮族人民的聪明智慧和知识水平

在壮族人看来，一个人的聪明智慧和知识水平，可以从他的山歌里体现。壮族山歌有一类称为盘歌，通过盘歌来考察一个人的知识水平和聪明智慧，这在壮族对歌中是常有的事。盘歌一般是一问一答，所问的问题包罗万象，不仅有天文地理，动物植物，还有劳动生产和日常生活，无所不包，内容广泛。盘歌没有具体的规定和要求，如果歌手反应迟钝，知识面狭窄，会被对手盘住，答错或对不上

---

① 於贤德：《民族审美心理学》，海口：三环出版社，1989 年。

来；如果盘歌答不上来，等于输给对手。剧中有两场精彩的盘歌，第一场是刘三姐与青年男女的盘歌，如“什么水面打筋斗？什么水面起高楼？什么水面撑阳伞？什么水面共白头？”“什么吃草不吃根？什么吃草连根吞？什么肚里有牙齿？什么肚里走马灯？”像这场盘歌，对歌一共有二十四个来回。场面活泼欢快，风趣幽默。第四场刘三姐与三个秀才的对歌，如“什么上圆下四方？什么下圆上四方？什么内圆方在外？什么外圆内四方？”“什么生来头戴冠，大红锦袍身上穿？什么生来肚子大，手脚不分背朝天？”由于秀才们平日里只读圣贤书，缺乏生活常识和劳动技能，把大公鸡和大肥猪的答案说成是莫老爷，被众人起哄和嘲笑。几轮盘歌下来，秀才的回答总是牛头不对马嘴，错漏百出，令他们斯文扫地，出尽洋相，最后以失败告终。三姐与秀才的盘歌、对歌也是有三十七个来回，场面精彩、风趣、诙谐。这两场盘歌都是观众最喜欢的，每次演到这里观众都是笑声、掌声、喝彩声连绵不绝。这两个情节被电影《刘三姐》原封不动搬上影幕，成为观众百看不厌的经典片段。

（五）彩调剧体现广西浓郁的地域色彩和乡土气习

彩调剧的语言和演唱以桂柳话（西南官话）为主，有时因演出地区的不同会夹杂一些白话或者是壮族、苗族等其他民族的语言，使其更具地域性或民族性。桂柳话是广西北部、西部、中部地区各民族流行的通用语，彩调剧《刘三姐》采用桂柳话来道白和演唱，不仅通俗易懂，也拉近了表演者与观众的距离，因此深得观众喜爱。

剧中对白和山歌充分利用比兴修辞手法和谐音的语言特色，体现出浓郁的民族气习和地方色彩。如开场老渔翁初识刘三姐，唱道：“高山打鼓久闻声，三姐唱歌久闻名；二十七钱摆三柱，九文九文又九文。”表达爱恋的情歌：“想妹一天又一天，想妹一年又一年；铜打肝肠都想断，铁打眼睛也望穿。”“水泻滩头哗哗响，妹不见哥心就忧；吃茶连杯吞下肚，千年不烂记心头。”“山中只见藤缠树，世上哪有树缠藤？青藤若是不缠树，枉过一春又一春。”“竹子当收你不收，笋子当留你不留，早有此心你不讲，捡得忧来捡得愁。”刘三姐骂财主莫老爷：“葫芦装的什么药，狐狸跑来修鸡窝；任你尾巴挟得紧，哪个不识狼外婆。”剧中许多山歌至今仍被人们广为传唱，像《藤缠树》这首歌，已成为表达爱情的经典曲子。剧中许多风趣幽默的唱词和对白，配上浓郁的桂柳方言，加上演员轻松幽默的表演，真是妙趣横生，使全剧充满喜剧色彩。

二、《印象·刘三姐》的时尚元素

《印象》是中国第一部大型山水实景演出。它完全颠覆了传统意义上的演出模式，无论是舞台背景、音乐设计、舞美设计、灯光设计，还是演出创意、表演理念，都是全新的，所以它被称为演艺界的一场革命，可以用前卫和时尚来形容。

何谓“时尚”，《现代汉语词典》的解释是：“当时的风尚；时兴的风尚。”[①]对这一概念，人们有不同的解释：一般人们都把“时尚”与标新立异联系在一起。有人认为“时尚”就是人们对社会某项事物一时的崇尚。也有人认为“时尚”是在艺术文化中的变化美。《印象》的时尚是无人质疑的，它体现在这几个方面：

---

① 《现代汉语词典》（第六版），北京：商务印书馆，2012 年。

(一)全新的理念和创意

据《印象》总策划梅帅元介绍,他最初的构想是在桂林漓江上以美丽山水为背景,演出一台实景歌剧《刘三姐》。这对于传统的在剧院演出和观赏的歌剧已经是一个突破和跨越。张艺谋加入后,他最初的想法,也是做一个水上民族歌剧,考虑"刘三姐的故事在广西家喻户晓,如何把刘三姐的故事与歌剧很好的结合起来"[①]。编剧张仁胜的思路是"根据刘三姐的故事传说,把刘三姐的订婚与李小牛对歌,莫老爷抢亲与刘三姐对歌作为重头戏"[②]。总体来说还是根据剧情的发展来安排演出。但是当王潮歌和樊跃两名导演加入这个团队后,原来的构想完全改变了,不再是《刘三姐》歌剧了,变成以音乐和舞蹈为主的山水音画的实景演出。是按原生态的彩调、电影《刘三姐》的路子走下去,还是摒弃原生态的东西走时尚路线,创作人员一度很纠结。按原生态的思路做歌剧,走传统路线,可能会影响演出的上座率,失去一部分市场;选择时尚,会吸引更多的,尤其是年轻的观众。时尚元素是最符合消费者口味和需求的。在两者不能兼得之时,他们选择了时尚,因为在王潮歌和樊跃的创作理念中一贯强调"别人有的我们不要"。这既是他们的创新理念,也是他们作品出新出奇的根本原因,所以媒体评价他们是"破坏性极强、颠覆性极强的组合,'别人有的我们不要',这是他们的品牌标志,是他们艺术特质之所在。他们具有创新、挑战、出奇的艺术品格"[③]。

---

① 陈星、范静:《山歌唱出十个亿:〈印象·刘三姐〉幕后的故事》,北京:西苑出版社,2011年,第127页。

② 同上。

③ 黄伟林:《山水与艺术的完美结合:大型山水实景演出〈印象·刘三姐〉策划记》,《当代广西》2006年12期。

《印象》的时尚创意在于，它突破了传统演剧、观剧必须有剧院，有舞台这种传统形式化的东西，用王潮歌的话说，“这是一个演出形态上的革命”。在她看来，实景演出的最大魅力就是“演出效果随着自然环境的变化每天都不一样……它总在变，老天每天都在与我们一起创作”。[①] 除了形态上的革命，还有观赏心态上的革命。“我的《印象·刘三姐》就是不想直接告诉你什么，而是完全靠山水、实景、演出本身带动你的思绪，让你自己去体会和感受，你想到什么都可以。”[②]留给观众想象的空间和自己创作的余地。

但是对于传统题材的作品，尤其像刘三姐这样已经家喻户晓，有着广泛群众基础的民族文学作品，这种创作理念无疑是具有破坏性的。虽然《印象》的演出在今天是获得了巨大的成功，好评如潮，但是从长远来看，他们这种破坏性、颠覆性的创作方法，对民族文化的传承发展是一种极大的破坏。

《印象》的特点是大场面、大制作、大山水、高成本、多演员。演出团队达 600 人，他们由两部分人员组成，一是张艺谋艺术学校的学生，二是阳朔县城周围五个村子的农民。400 位农民与其说在表演，不如说在展示他们的日常生活，像撒网、捕鱼、撑竹排、牧牛、洗衣等，这些极具原生态的劳动生活场景，配以音乐、色彩灯光、夜空、江水的映衬，构成了诗情画意的、美轮美奂的精美画面。如红色印象，是无数竹排上燃烧的火把，十五条红绸在江中舞动，寓意爱情的热烈，生活的红火。绿色印象通过村边的晚霞、炊烟、晚归的牛群、洗衣的村妇、嬉戏的村童，江中的渔火和唱晚的渔舟构成温馨美丽

① 陈星、范静：《山歌唱出十个亿：〈印象·刘三姐〉幕后的故事》，北京：西苑出版社，2011年，第 132 页。

② 同上。

的家园图画。蓝色印象，用竹林、木楼、月亮再配上齐秦、齐豫深情演唱的刘三姐经典爱情歌曲《藤缠树》，优美的旋律将爱情的缠绵、浪漫、忠贞演绎得淋漓尽致，让无数观众为之动容，沉浸在美好的爱情回味之中。金色印象以竹排、渔火、鱼鹰与渔民江中捕鱼的画面，展现满江渔火满江红的场面。银色印象，200 位演员身着民族服饰，衣服上配有在黑夜中能闪闪发光小灯泡，演员不断变化队型，展现出一幅幅绚丽多彩的图画。张艺谋把这一创意用于北京奥运会开幕式，又一次获得成功。

《印象》音乐的创新是“将山水、人文、时代有机地融入到音乐创作中”①，它融合了传统、现代、古典、流行、民族的音乐元素，加上一些具有世界音乐的共性元素，体现当代的流行音乐、城市音乐与传统的本土、民族音乐的结合，这是一种原生态和现代音乐元素的结合。正如张艺谋评价：“音乐不但优美、好听，而且还给人以更大的想象空间。它强调了‘印象’，既有人熟悉的电影《刘三姐》中让人回味的过去的东西，也有符合当今时代人们审美情趣的新东西；既传统又现代，而且传统与现代结合得如此完美。”②另外，在舞美设计、灯光设计及色彩运用上都有诸多创意，看过演出的观众都有一种视觉受到强烈冲击的震撼。

（二）名人效应造声势

当今社会崇尚名人，尤其在演艺界，有了名人的参与就有了票

---

① 邹坚：《从“印象 · 刘三姐”谈大众音乐与新兴文化产业发展的新思维》，《中国音乐》2009 年 4 期 。

② 陈星、范静：《山歌唱出十个亿：〈印象 · 刘三姐〉幕后的故事》，北京：西苑出版社，2011 年，第 175 页。

房保证。《印象》的创作团队可谓名人云集,有世界顶级的导演张艺谋,还有国内知名导演王潮歌、樊跃,总策划人梅帅元是国内著名导演。音乐创作及策划人有中国乐坛著名音乐人刘彤、程池、孟可、窦唯、严俊,著名华裔作曲家苏聪。演唱者有著名歌唱家刘欢、梁宁、赵登峰、齐秦、齐豫及阿里郎组合。在一般人心里,名人制作的演出,意味着世界级和高水平,有幸观赏这样的演出可谓机会难得。名人效应加上媒体的造势宣传,已经吊足了观众的味口,创造了先声夺人的效果,为吸引游客和观众起到了很好的宣传、号召作用。

(三)现代的营销方法

中国有一句古话,“酒香不怕巷子深”,但是在经济全球化的今天,信息和大众传媒普及的时代,还依靠这种传统的口碑相传,坐等顾客上门的经营方式,不仅非常落伍,还会失掉很多商机和市场份额。《印象》的时尚元素还体现在营销方法上。总结其营销手段有四招:第一,张艺谋的名人品牌效应。利用张艺谋的名人影响力,通过媒体广而告之。我们在“百度”搜索“张艺谋的印象刘三姐”词条,就会跳出 57 万条信息,这足以说明张艺谋的影响力和号召力的强大。第二,《印象》广告词标新立异,以数字凸显其独特性和高成本、高水平制作。“全球第一部全新概念的实景演出——《印象·刘三姐》,历经五年零五个月,67 位著名中外艺术家参与创作,12 座著名山峰,109 次修改演出方案,600 多名演职人员参与演出,1.654 平方公里水域。”其广告词极具煽动性和诱惑力。第三,借助媒体的力量,发挥大众传媒的优势,大造舆论声势。在《印象》酝酿排演的五年多时间里,他们上北京,下南宁,召开了多次新闻发布会,向公众宣传《印象》的计划、设想、排演进展等情况。这种宣传加上张艺谋的名气,早已吊足了观众胃口。经过五年多的千呼万唤,《印象》终于掀起她神秘的面纱。正式公演前,有两场预演,观众除了领导,还有几千名媒体记者。营销部通过媒体的报道来打免费广告。媒体报道的效果超过一般的广告,因为在一般的受众心里,媒体宣传的东西,更具真实性和客观性,比广告可信度高。第四,多渠道、全民参与营销。一般的演出票都由票务公司负责销售,但是《印象》的演出票是多渠道销售:有演出剧场的固定销售、网络销售。还有让利销售,就是将一些利益让给业余销售人员,这些人包括桂林、阳朔的各旅行社、导游,出租车司机,餐馆、饭店的老板、服务员,宾馆、酒店的前台及服务员。他们销售给游客的票比剧场的价格便宜二十到五十元不等,优惠多他们就赚得少,优惠少他们就赚得多。总之,凡是能接触到游客的各种旅游、服务行业的人员都成为《印象》的营销人员。由于业余营销人员既得实惠,又不影响他们正常工作,所以他们的积极性很高。可以说《印象》的火爆,与广维集团成功的营销手段有很大关系。

(四)自然、环保的理念凸显时尚

“环保”成为《印象》的时尚概念和广告宣传的一大亮点。“环保”之所以成为时尚概念,是因为当今人们都有了环保的理念和健康的意识,现在电器、服装、日用百货等各种商品,在营销上都打环保的概念来促销。而在演出市场上率先打出环保概念的非《印象》莫属。它的自然、环保首先体现于舞台的独特、天然。《印象》舞台全部由竹排搭建,好收好放,白天不演出的时候竹排全部拆散,隐蔽收藏,对漓江景观、水质和河床没有影响和损害。其次,演出采用目前国内最大规模的环境艺术灯光工程和独特的烟雾效果工程,创造出如诗如梦的效果，又不污染环境。十二座山峰与广阔的苍穹为背景，江水如镜映现山峰与夜空，扩大了演出背景的广度、深度和美感，加上竹林的随风摇曳，烟雨的朦胧，月光、星辰的点缀，为演出锦上添花。再次，大自然的剧场保持绿色生态植被，周围是凤尾竹、桂树、榕树、茶树环抱，观众席为梯田式，夜晚观众能呼吸到江风、花、树等自然的气息，通过观看演出，领略与大自然融为一体的美妙感觉。

三、民族文化开发利用应解决的瓶颈问题

(一)民族文化的开发利用是为了更好地传承发展，不能只考虑市场

如果我们从审美愉悦、经济效益和演出市场的角度来评价《印象》，无疑它是成功的。如果它的名字叫《印象漓江》或《印象阳朔》，那么我们无需讨论它对民族文化的开发利用的成功与否。但是，因为它使用了“刘三姐”这个民族文化品牌，自然就涉及对民族文化的开发与利用的问题。如果从民族文化的开发与利用的角度来评价，笔者以为《印象》是失败的。

《印象》自推出以来，市场一直很火爆，被媒体和一些学者视为民族文化产业开发的成功案例。他们的评价主要是从市场和经济效益的角度去考量，因为之前各地都有一些民族文化产业开发经济效益欠佳的案例，所以《印象》的“成功”对各地民族文化产业开发起到一种促进作用。其实民族文化的产业开发不能仅从经济效益的指标数据上去衡量，还应该从是否有利于民族文化传承发展的方面来衡量，如果具有经济效益，但是对民族文化传承发展带来损害，

那么这种产业开发就算不上成功。

《印象》是一场没有剧情的演出，从视觉、听觉的角度来说，它美轮美奂，可以用“淡妆浓抹总相宜”来概括。对观众而言不存在语言和文化上的障碍，都能看懂听懂。由于整个演出没有剧情，给人形式大于内容的感觉。因此，它虽有“刘三姐”之名，而无“刘三姐”之实，观众看过《印象》之后，并不能对刘三姐有多少了解。刘三姐最具代表性的山歌没有得到表现，更不要说壮族文化了。所以，从民族文化传承发展的角度评价《印象》，它是失败的。虽然《印象》中也表现了一些原生态的东西，前面已提到，但是这种原生态的文化只能说具有地域性特点，而不具有壮族或某个少数民族文化的特点。

（二）民族文化开发利用的瓶颈问题

民族文化的开发利用最大的瓶颈问题是：对原有的民族文化是否可以改造？如何改造？改造到什么程度才是合适的？世间一切事物都是在不断地发展变化的，没有一成不变的事物。所以任何一种民族文化要传承延续下去，都会发生一些改变，这是事物发展的必然规律。但是这种改变是依循自然规律的客观改变，这与为了某种目的和利益人为地去改变有本质的差别。为了某种目的和利益而人为改变民族文化的做法，应该叫作“改造”。

彩调剧《刘三姐》和电影《刘三姐》与民间传说、民间故事的刘三姐相比，也有一定的“改造”，其改造主要在禁歌上。传说中禁歌的有官府，有三姐的哥哥刘二。官府禁歌的理由是刘三姐的壮族山歌伤风败俗，有伤风雅。从历史记载看，这种禁歌反映了文化差异的冲突，即壮族文化与汉文化交融过程中，因思想观念和风俗习惯的不同，产生矛盾导致冲突。在彩调剧和电影里，禁歌的主体变为财主莫老爷。他禁歌是因为三姐唱歌聚众闹事，蛊惑人心。这就把矛盾冲突由风俗冲突变为阶级冲突，由三姐与哥哥的人民内部矛盾变为阶级矛盾，矛盾的性质发生了改变。这显然是受当时政治形势的影响。1959年正是全国“大跃进”、“反右”时期，当时文艺作品、文学作品都强调阶级性、人民性和斗争性。彩调剧和电影对刘三姐故事进行改造之后，突出了阶级斗争，但是两剧中壮族文化的本质内涵和基本元素并未改变。两剧仍充满浓郁的壮族文化气息。

从民族文化的角度去考量《印象》，会发现它没有把壮族基本的文化内涵——歌圩，和刘三姐文化特质的东西——山歌表现出来。虽然它展示了广西一些少数民族的文化元素，比如壮族、苗族的民族服装，侗族大歌，还有壮族的情歌等，颇有点大杂烩的味道，但它与壮族文化和刘三姐文化都相距甚远。梅帅元、张艺谋对此都是清楚的，他们将原来的《刘三姐歌圩》改为《印象》。关于《印象》的取名，梅帅元这样解释：“我们的‘印象·刘三姐’，展示给世人的是一个美丽的山水和动人的传说，给人们留下的印象既是生动的又是抽象的；它展示给世人的还是一个个美不胜收的画面，给人们留下的是满江渔火满江红的印象；它展示给世人的是广西少数民族风情，给人们留下的是难忘的印象……这个‘印象’后面要加一个点，把它和刘三姐区分开来。”[①]在《印象》中除了出现一些电影《刘三姐》的画面，并没有把刘三姐的故事、山歌和形象展现给观众。它留给观众的只是美丽的山水画面，还有电影里的一个刘三姐影像，说它是

---

① 陈星、范静：《山歌唱出十个亿：〈印象·刘三姐〉幕后的故事》，北京：西苑出版社，2011年，第124—125页。

一台山水音画的实景演出更合适些。如果这台实景演出就叫《印象桂林》或《印象漓江》,名字与演出内容也相符。只是没有了刘三姐,它的品牌效应和广告号召力会大为减弱,直接影响到演出的上座率和经济收益。

总而言之,民族文化开发利用的瓶颈问题,就是对该民族文化的基本内涵和民族元素保留与取舍的问题,通俗地说是对民族文化改造的适度问题。

(三)建立民族文化开发利用的评价体系和评估机制

民族文化要传承发展,就不能一味保持传统,因循守旧。因为民族文化中也有一些糟粕、落后、迷信的东西,是需要摒弃的。所以对民族文化进行适度的改造,以达到开发利用之目的是必要的。通过对民族文化的开发利用,建立起民族文化传承发展的良性循环系统。

民族文化的开发利用是为了使其更好地传承发展,使其更广泛地传播。基于这样的目标和宗旨,必须建立起民族文化开发利用的评价体系和评估机制,通过这些评价体系和评估机制,能够引导人们在改造、开发、利用民族文化时做到科学、合理、适度、有序和规范。这样既能促进民族文化的开发利用,也能有效地约束、控制对民族文化的无序、过度及破坏性的开发、改造。

每个民族的文化,都承载着这个民族千百年来积淀形成的宗教信仰、风俗习惯、道德伦理、思维定势和审美意识。这种民族文化是这个民族旺盛的生命力、丰富的创造力和牢固的凝聚力的具体表现,是这个民族区别于其他民族的重要标志。因此,建立民族文化开发利用的评价体系和评估机制的基本原则是:首先,必须注意保持每个民族鲜明的民族品质和民族特征,注意保持每个民族的文化的基本内涵和具有民族特质的文化元素,对这些民族文化的主要内容和重要标志不能随意改造。如果对它们随意改造,会改变其民族文化的基本内涵和基本特征,那是对其民族文化的破坏,结果不仅不利于开发利用,更无法实现民族文化传承发展的最终目标。其次,必须尊重民族的宗教信仰、风俗习惯,符合民族的伦理道德、审美意识和审美习惯,符合民族的思维定势和民族传统。对于损害民族利益,伤害民族感情的改造和开发,决不能允许。再次,不能为了经济利益将民族文化庸俗化、低俗化。

民族文化的内容丰富多彩,有物质的和非物质的,所以民族文化开发利用的评价体系和评估机制的建立是一个非常复杂的系统工程,有的可以通过一些量化的指标去衡量它,有的则不行。因为民族文化有的是属于意识形态精神层面的,无法用具体的数字去衡量它的高低、多少,但是可以通过制定民族文化开发利用评估机制的基本原则和基本精神,对开发利用行为起指导、规范的作用。

从彩调剧《刘三姐》到《印象》,中间有四十多年的时间跨越,随着时代的发展,文化、经济也在发展,人们的审美需求和欣赏口味也会有所改变,没有一成不变的审美愉悦,所以民族文化的产业开发不必过分追求时尚和大众口味。虽然时尚和大众口味能够获得暂时的市场认可,但是难以保持长久。民族文化的产业开发决不应该以牺牲原生态文化元素为代价,牺牲原生态的做法无疑是杀鸡取卵,得不偿失,还会成为损害民族文化的千古罪人。

关于广西粤剧传承与传播的思考①

/廖　华/

[摘　要]　广西粤剧价值日益突显,但是传承与传播的力度不够,可通过建立理论研究队伍,探寻广西粤剧的发展史与地域特色、评论剧目以总结得失、分析艺人表演特点与经验,并鼓励大学生创作粤剧纪录片,同时开发粤剧电视或电台节目等途径,大力弘扬和发展广西粤剧。

[关键词]　广西粤剧　传承　传播　思考　策略

经济全球化时代,加剧了人们关于传统的民族文化消失的危机感,保护传承民族文化和非物质文化遗产成为各界人士共同关注的问题,广东和香港的粤剧界在这方面做了积极的探索,取得了较好的成绩,值得广西粤剧界学习和借鉴。近几年,广西粤剧发展迅速,除了在全国性比赛中获奖,还在国际舞台上频频亮相。然而,广西粤剧在传承与传播上仍需加强,尤其是理论研究和视听传播方面。有鉴于此,笔者对广西粤剧的传承与发展提出一些思考和策略。

① 本文获第十届广西文联文艺评论奖三等奖。

一、广西粤剧传承与传播的必要性

一方面,广西粤剧值得弘扬和发展。为适应时代发展,粤剧在不断变革。但是有些观众却感慨,粤剧越来越丧失“粤”味了。粤剧作为非物质文化遗产,其传统艺术显得尤为珍贵。于是,彰显早期粤剧特色的下四府粤剧备受戏迷青睐。庞秀明在《下四府粤剧》中指出:“唯一能保留部分下四府粤剧优秀传统技艺的,当今只有一个吴川市粤剧团。”①此说有待商榷。广西粤剧亦保留了较多排场戏和南派武功,戏曲研究员毛小雨今年到广西南宁考察戏曲,观看了南宁市粤剧团的表演后,指出下四府粤剧的一些传统艺术在广西保存得很好。② 可以说,广西粤剧仍然保持着古老粤剧粗犷朴实、勇武刚烈的特点。当然,广西粤剧并没有因循守旧,如一大批壮乡风味的剧目既有“粤”味亦有“桂”味,其中《海棠亭》获“第十二届中国戏剧节”优秀剧目奖,成为当时唯一入选的粤剧作品。传统韵味与现代气息兼备的广西粤剧值得传承。

另一方面,广西粤剧需要打响知名度。说起粤剧,也许很多人都不知道广西还有粤剧。2009 年,“粤港澳”三地粤剧界联合申遗成功,粤剧的发展问题引起社会各界的热心关注。这样一来,人们似乎以为广东、香港、澳门才有粤剧,广西粤剧则更不被人所熟知。其实,广西粤剧历史久远,至少在清道光年间已在流传。广西南宁、梧州、玉林、百色、柳州、北海、钦州等地区都有粤剧团,是广西地方

---

① 庞秀明:《下四府粤剧》,广州:岭南美术出版社,2009 年,第 112 页。

② 毛小雨:《粤剧:广东广西两重天》,《中国文化报》2013 年 6 月 4 日,第 6 版。

剧种中剧团数最多的。“酒香不怕巷子深”的自我封闭观念早就过时,广西粤剧界在加强自身素质以外,还应该开辟多种渠道,提升在国内外的影响力。

总而言之,广西粤剧经过长期发展形成了独特的风格,它的价值意义日益突显,但是知名度却不高,因此很有必要得到大力传承与传播。

二、广西粤剧传承与传播策略

李建平发表于2009年的文章《粤剧发展刍议》,提出了广西粤剧发展的建议:“创作广西特色新剧目,形成独特个性”“打造艺术质量精湛、常演不衰的品牌剧目”“强化观赏性”“加强协作合作”“开拓市场”。① 这些建议非常中肯。可喜的是,广西粤剧界这两三年取得了较好的成绩,如积极打造了《海棠亭》这一品牌剧目;坚持开展“学生进剧场,艺人进校园”的活动;努力向外拓展市场,有机会到新加坡、曼谷、法国等地参演,其中新编粤剧《老鼠嫁女》已在德国、马来西亚、印尼、孟加拉国等多个国家演出。但是,广西粤剧在理论研究、视听传播等方面还有待深化,因此,笔者提出以下几种建议:

第一,建立理论研究队伍。曾宁是广西粤剧研究的领军人物,整理传统和新编剧目20多个,发表粤剧艺术史论文20多篇,共约70多万字。难能可贵的是,他本人研究粤剧外,还发动其他艺人在广西粤剧界建立了一支理论研究队伍,即与谢醒伯、王兆椿等艺人

① 李建平:《粤剧发展刍议》,《歌海》2009年第4期。

于1985年成立南宁市粤剧艺术研究会，“自成立至新世纪初的十多年中，完成了上百篇的论文与文字史料在多处刊物和研讨会上发表。其中多篇论文被评为市、自治区、西南地区社会科学研究优秀成果一、二、三等奖”①。随着谢醒伯、曾宁等人的离世，尽管仍有学者坚守理论阵地，但是团队力量不复存在。为了更好传承与传播粤剧，广西粤剧界应该加紧理论建设，并在如下三个方面做出努力：

其一，探寻广西粤剧的发展史、艺术特色与价值。至今学界没有专门论述广西粤剧的著作。关于广西粤剧发展史的研究，主要分为几个方面：一是粤剧是否形成于广西，有曾宁《粤剧形成在广西》、黄鹤鸣《粤剧怎会形成在广西?》、关元光《“粤剧的老根在广西”质疑》；二是粤剧与邕剧的关系，有黄鹤鸣《邕剧粤剧结亲缘》、关元光《广戏即广府戏就是粤剧——邕剧是南宁地方剧种吗?》；三是粤剧的发展情况，包括顾乐真《两广戏剧交流考》、黄鹤鸣《广西粤剧话沧桑》《南宁市粤曲曲艺活动概况》及《薛觉先在广西》、谢醒伯《粤剧在南宁》、周维民《粤剧在柳州》、黎侠峰《马师曾在梧州》、徐远洲《关德兴在广西散记》及《辛亥革命时期的梧州粤剧》、谢醒伯和殷璧《南宁文化市场之一的粤剧经营》、何国佳《崇左县的四个粤剧科班》、万醒才《贵县民间粤剧曲艺概况》、杨荫亭《抗战时期京剧、粤剧在广西的状况》等；四是粤剧的影响和发展策略，如王兆椿《壮语粤剧的现状及展望》、曾宁《振兴粤剧的管见》。上述文章基本上都是发表于20世纪80年代和90年代初，之后则鲜见有关广西粤剧历史发展的探讨。从目前的研究现状来看，广西粤剧史的研究不够全面和深入，广西粤剧的源流、阶段特征、剧目的演变、受众群的变

① 王兆椿：《悼念曾宁》，《南国红豆》2008年第3期。

化等问题仍待系统论述。

此外,广西粤剧特色与价值的研究也应引起重视。各个地区之间的文化有所差别,粤剧在不同的地域文化中孕育生成,自然有着不同的特色。比如,陈守仁教授在《香港粤剧研究》中认为,香港粤剧的特色是保存着早年粤剧的演出形式——“神功戏”和“即兴表演”[①],如今这两种传统艺术正在逐渐消亡,它们的价值更显弥足珍贵。那么,广西粤剧的特色和价值是什么呢?是南派武功还是乡土题材的剧目?与广东、香港的粤剧有何不同?这些问题也有待探究。

其二,评论剧目,分析得失。点评剧目有助于提高表演的水平,也可扩大影响力。80年代的广西粤剧剧目大多得到较为充分的评论,如北海市粤剧团的《潮涨潮落》有霍大寿《不落窠臼的粤剧现代戏〈潮涨潮落〉》等近10篇文章评论,对剧目的主题思想、音乐设计都有详细探讨。[②] 南宁市粤剧团排演的《乾隆点状元》亦有苏巨汉《戏贵求新,不新则腐》、鲁马《新编历史剧还需新排》等10多篇文章评论。值得注意的是,这些文章的作者有些是演员本人,如杨丽珠和黄学超分别在《乾隆点状元》扮演“皇太后”和“余祖生”,均对自己的演出做出文字总结与评析。[③] 90年代至今,广西粤剧涌现了《月到中秋》《紫金锤》《三江水满皇姑情》《龙象塔奇缘》《目连救母》《珠还合浦》《西江龙母》《海棠亭》等众多剧目,不少还是在全国

---

① 陈守仁:《香港粤剧研究》(上卷),香港:广角镜出版社,1988年,第31页。

② 广西壮族自治区文化厅编:《第一届广西戏剧展览会资料汇编》,南宁:广西壮族自治区文化厅,1984年,第109—128页。

③ 广西壮族自治区文化厅编:《第二届广西戏剧展览会资料汇编》,南宁:广西壮族自治区文化厅,1987年,第516—531页。

获奖的作品，但是评论文章却寥寥可数，没有引起专家的足够关注，演员自身也缺乏写文章的热情。

其三，分析艺人的表演特色，总结艺人的演出经验和艺术成绩。据笔者统计，描写广西粤剧艺人的文章不多，写于20世纪八九十年代的有谢醒伯和殷璧《粤剧前辈金枝叶》、阿红《记南宁市粤剧团副团长龙容坚》、阿林《记南宁市粤剧演员严秋喜》《记市政协委员著名粤剧演员杨丽珠》、苏诗桂《记粤剧著名演员潘楚华》；近十年的几篇文章主要是写潘楚华、曾宁、谢醒伯、周辉南，以及一篇《访著名粤剧演员梁素梅》。李建平认为"南宁市粤剧团梁素梅的唱腔极具美感和特色，形成了自己的风格，可称为'梁腔'或'梅腔'加以宣传"[①]。所言甚是，梅花奖得主梁素梅的表演艺术应该得到更深层次的研究。冯杏元、洪琪等一批老艺人一直致力于广西粤剧的发展，关于他们的粤剧观念、艺术成就也有待整理。至于广西粤剧界的新秀，如获"第十二届中国戏剧节"优秀表演奖的文武生黄俊成，可对他们脱颖而出的原因进行细致的分析。

简言之，戏曲发展需要理论人才，广西粤剧界可组建一支专家队伍，增强广西粤剧研究的凝聚力，从而进一步促进粤剧的发展。

第二，鼓励大学生创作粤剧纪录片。真实性是纪录片的生命，故事性是纪录片的美学追求，发人深省则是纪录片的最高境界。纪录片还能借助网络、电视等平台播放，受众群广泛。于是，雅俗共赏的纪录片逐渐成为记录和传播文化的重要方式。广东、香港两地非常重视粤剧纪录片的创作。如《艺海明珠》浓缩红线女70年的艺术人生。《合晒合尺》则以深入浅出的手法推广粤剧，既有"神功戏"

① 李建平：《粤剧发展刍议》，《歌海》2009年第4期。

“红船”等专题记录，也有陈笑风、罗家宝、罗品超、苏少棠、红线女六位名伶的风采展示。重要的是，片中表现了艺人的辛酸，及耄耋之年的老倌仍致力探索粤剧的未来，艺人的艰苦奋斗让观众为之感动，并从中领悟到粤剧传承的意义。毋庸置疑，以纪录片的形式保护和传播粤剧是可行的，问题是，谁来负责制作？笔者以为，仅靠政府、影视界的力量是不够的，如向高校伸出合作之手，未尝不是很好的方式。鼓励大学生拍摄粤剧纪录片的优势和意义体现如下：

一是大学生有能力拍好纪录片。大学生纪录片中不乏以传统戏曲为拍摄对象的佳作。如王一鹏的《秦腔新生代纪实》获中国大学生电视节优秀创意短片奖；沈晶以川剧为题材创作《角色》，获第十一届四川电视节“金熊猫”国际大学生“人文类最佳纪录片”奖；徐衍《梦泽影戏馆》讲述皮影大师秦礼刚真实的演艺生活，入围第二十届北京大学生电影节原创影片纪录片单元，同时也是第二届武汉青年影展开幕式影片。

二是大学生参与传统戏曲的影像记录，可提高他们对传统戏曲的认识。如沈晶认为拍摄《角色》尽管历程很艰辛，但是收获良多，尤其是加深了对川剧文化的热爱和理解，她说，“我希望观众通过一段段鲜为人知的川剧往事，看到这群 21 世纪民族文化守望者们的艰辛与坚韧”，“我相信不管是老一辈人，还是现在的年轻人，只要看过川剧，就一定会迷上它”①。又如来自聊城的一群大学生创作了纪录片《皮影》，讲述“邢氏皮影”第四代传人邢如雨历尽艰辛挽救皮影戏，并创办学校免费教孩子演练皮影的真实故事。在拍摄过程

① 赵斌：《川籍学子拍川剧纪录片获大奖》，《成都日报》2011 年 11 月 11 日，第 12 版。

中，学生被邢如雨的精神所感动，更加深切体会到文化遗产的价值。①

三是与作为文化传承基地的高校合作，能够有效推进粤剧的发展。胡锦涛前总书记在庆祝清华大学建校100周年大会上的讲话，强调全面提高高等教育质量，必须大力推进文化传承创新。高校要肩负起文化传承创新的历史重任，粤剧界要想方设法弘扬粤剧文化，基于此，两者可相互签订协议，实行长期合作。比如，剧团向高校提供实习平台，高校向剧团输送学员开展粤剧的影像纪录工作。剧团给予学生一定的物质支持，同时可举办“你眼中的广西粤剧”为主题的纪录片比赛活动，给优秀作品颁发荣誉证书或举办相关影展。

大学生是民族精神和文化的主要传承者，也是未来纪录片生产的主力军。粤剧界争取到大学生的力量，将使粤剧的发展走上一个新台阶。

第三，开发粤剧相关的电视节目、广播节目。借鉴广东、香港粤剧电视广播的经验，笔者认为广西粤剧亦可大胆尝试，通过电视、电台传承和传播粤剧。

电视普及后，观看电视成为人们最普遍的娱乐方式之一。如果说，电影、连续剧还未兴盛的年代，是传统戏曲“解救”电视，那么，如今则反过来，电视要帮忙“挽救”传统戏曲。为弘扬戏曲文化，中央电视台、上海电视台、河南电视台均设有戏曲频道。广东也有岭南戏曲频道，粤剧类的节目丰富多样。如广东电视台《笑话百出》《孙秀才传奇》《粤韵风华》《查笃撑》，南方电视台《粤唱粤好戏》《优秀

① 鞠忠武：《大学生为“皮影世家”拍摄纪录片》，《滕州日报》2011年2月14日，第5版。

粤剧粤曲艺术大观》，广州电视台《南国红豆》《红线女艺术之路》。这些粤剧电视节目风格各异，满足了不同受众群的审美需求。

广西的观众主要通过转播南方卫视来收看粤剧电视节目，但是最近广西已停播南方卫视，这未免让粤剧戏迷们感到失落。《粤唱粤好戏》节目组曾采访梁素梅和黄俊成，介绍广西粤剧的情况。试想一下，广西本地电视台是不是也可做类似的节目呢？或者尝试借鉴品牌栏目《粤韵风华》，该栏目自 1997 年开播以来已走过 16 个春秋，屹立不倒的原因是不断创新栏目版块。如《戏曲齐齐乐》由粤剧演员上台演绎"唱念做打"，再请观众模仿；《红豆至叻星》为爱好粤剧的青少年提供施展才华的平台；《齐齐过戏瘾》邀请观众到舞台上表演粤剧；《一曲过五关》要求参赛者在唱完一首粤曲的时间内，完成五个任务；动画粤剧"笑话系列"，是采用好莱坞动作捕捉系统制作的全三维动画粤剧。不难发现，《粤韵风华》融知识性和趣味性于一体，而且总是给人耳目一新的感觉，难怪深受观众喜爱，收视率很高。广西地区的电视台大可从广东的粤剧电视中汲取经验，创办一些寓教于乐的综艺节目，以传承和发扬粤剧。

戏曲广播是一门听觉艺术，能够真实反映唱腔的韵味与魅力。广东、香港的粤剧广播也办得有声有色，如广东电台南方生活广播《粤韵飘馨》有听众点播、名段欣赏、名伶专访等版块；香港电台第五台《粤曲公开进修学堂》邀请著名粤剧演员梁汉威讲解粤曲结构、工尺谱。有学者对 2010 年广州市场收听份额进行统计，广东电台南方生活广播《粤韵晨曲》的收听份额达到 1.58%，位列第二。[①] 可见，粤剧广播还是很有市场的。广西地区的电台也可策划粤剧节

① 王兰柱编：《2011 中国广播收听年鉴》，北京：中国传媒大学出版社，2012 年，第 61 页。

目，普及粤剧基础知识，讲述戏行内的奇闻趣事，介绍当地私伙局的情况，请名伶与听众交流。粤剧艺术与电台广播相结合，对于粤剧资料的保存亦大有裨益。

诚然，除了纪录片、电视或电台节目，传播粤剧的方式还有很多，像香港无线电视翡翠台曾以粤剧程式的展示为台徽；红线女主持摄制的《刁蛮公主憨驸马》，被称为世界第一部粤剧动画电影。所以，广西粤剧界可利用视听的优势，寻求多样的传播途径。

综上所述，广西粤剧有着鲜明特色和重要价值，但是传承和传播方面有待加强；为了发扬广西粤剧，有必要建立一支理论研究队伍，对广西粤剧史、艺术价值、艺人的表演经验进行分析和整理，同时联合高校，支持大学生拍摄粤剧纪录片，并且着力研发粤剧电视或电台节目。相信在粤剧团、研究团队、学生团队和影视界的共同努力下，广西粤剧界一定能够创造出更好的成绩。

以民族文化个性化应对经济全球化

——以苗族服饰为例

/张佳玉/

[摘　要]　经济全球化迅猛发展的当今社会，各民族优秀的传统文化面临被全球化浪潮吞没的危险。苗族历史悠久，其民族服饰是苗族文化最突出的代表，款式之复杂、配饰之精美、工艺之高超，在国内外各民族中都属罕见。面对全球化的威胁，苗族应以坚持民族文化个性化为宗旨，不断挖掘和保护自身优秀的服饰文化，使苗族服饰文化在传承中得到更好的发展。

[关键词]　经济全球化　苗族服饰文化　民族文化个性化

经济全球化的迅速发展，拉近了世界各地的空间距离，但是各地的差异性不断模糊，相同的城市在不断复制，曾经引以为傲的民族传统文化逐渐被全球化的浪潮吞没。当全世界都变成一个模样、一种文化时，我们该如何来确定自己的身份？面对全球化这一无法改变的历史洪流，如何保持民族自身的文化个性？如何看待民族文化个性化和世界性的关系？这是我们不容回避的现实问题。

一、经济全球化与民族文化个性化概念及关系

（一）经济全球化与民族文化个性化

经济全球化从20世纪80年代中期开始进入人们的视野，纵观其发展，可以发现它不仅带来了技术、信息、工业等的变革，文化、知识等也随着经济全球化的扩张而实现了全球范围的交流与融合。不同国家、不同地域、不同民族开始双向间的相互影响，实现了文化领域的全球化。文化的全球化，在一定程度上消弭了各种地方性文化和民族文化的个性、特色，进而导致弱势文化的消失。这种破坏是不可逆的，因而引起很多民族文化保护者的强烈反对，他们不断呼吁尊重每个民族的文化传统和个性，以民族文化个性化应对经济全球化的文化霸权。

民族文化个性化，即指各民族在其发展过程中创造和发展起来的，适应当时生存、发展背景的，最能代表其民族特性和内涵的与众不同的文化，并能根据生存发展的环境变化，不断吸收融合其他文化发展壮大自己，且保持自身个性、特色不变。因为任何一个事物不管与周围事物有多少区别，具有多少个性，都必须要适应其周围的生存发展环境。一旦脱离这个大的生存背景，任何个性都会被大的环境同化从而逐渐丧失其个性特色。

“世界上有两个苦难深重而又顽强不屈的民族，他们就是中国的苗人和分布于世界各地的犹太人。”这是澳大利亚人类学家格迪斯的一个著名论断。与犹太人苦难历史相似的苗族人民，在艰苦的历史岁月中，创造了璀璨耀眼的苗族服饰文化，其千姿百态的服饰至今在世界各民族中都属罕见，它们没有淹没在历史的长河中。据

统计，苗服款式已超过150种，数量之多令人震惊。苗服上的纹饰很特殊，它最开始作为历史传承的载体而出现，承载着苗族的族群记忆，记录着民族的历史，表达了对先祖的崇敬与怀念。如咸宁苗族服饰中山川、江河图案就代表其祖先迁徙的路线，表明苗人祖先最初是住在黄河、长江流域，后来因为各种原因才不断向西南迁徙。银饰是苗族具有标志性的装饰，也是苗族姑娘最为钟爱的装饰，重大节日里，苗家姑娘会全身佩戴各种银饰，有的地区能达数百件。这些种类繁多、工艺复杂、制作精美的银饰，都是在极原始的条件下手工完成的，基本找不到焊接的痕迹，足以体现苗族银匠师傅技艺之高超。

（二）机遇与挑战并存

每个民族历经千百年发展形成的文化，是其民族集体记忆和共同经验的结晶，从产生之初就带着鲜明的个性特色。从价值属性看，这些都是先人留给我们珍贵的文化遗产。在推进全球化进程中是否要以牺牲这些珍贵的文化遗产为代价？它与全球化的关系如何？需要我们认真厘清。

一方面，全球化强调民族特色和个性张扬，使民族文化尤其是边缘文化被重新发现，促进民族主体意识的觉醒，从而逐渐强化民族文化的认同。

全球化使“在场和缺场纠缠在一起，让远距离的社会事件和社会关系与地方性场景交织在一起，使原来可能被遗忘、忽略、压迫或被吞噬掉的东西被发现”[①]。全球化促进经济、文化的全球发展，给不同的民族文化交流与合作提供了更为广阔的空间和平台，很多优秀的民族文化重新被世界各地的人们了解、喜爱，再次焕发新的光彩。以苗族为例，其民族服饰以神秘独特的美，受到国内外人们的关注和喜爱，成为国内外文化展览会的宠儿，如贵州省在法国巴黎的中国文化中心举办的苗族服饰展览就吸引了大批法国民众前往观看，受到广泛好评。苗族传统服饰中的民族元素和民族特色开始受到设计师的青睐，不断被引入现代服饰中，如苗族服饰中蝴蝶、花鸟、鱼、植物、几何造型等花纹以及色彩搭配等就经常被运用。2010年在上海发布的2011春夏服饰——“灿变”系列服装，就是苗族服饰元素和现代服装设计的完美结合。“上海滩”(Shanghai Tang)[②]向世界展示了苗族文化中最迷人的一面，在国际上引起很大轰动。

民族文化的重新发现，促使各民族人们主体意识的觉醒，激发他们对保存或再现自身民族文化遗产的意识和他们民族文化自豪感、认同感，从而培育民族文化个性化的土壤。

另一方面，全球化是个性与共性的统一，追求的是一种共同的趋向性，在文化领域就是文化的全球化。但是全球化文化的趋同，会稀释民族文化的地方色彩，从而削弱民族的文化和人们的身份认同感。

全球化的浪潮席卷着全球，各民族文化或主动或被动地参与进来，不同的文化在一起碰撞融合，经济占优势地位的强势文化不断

① [英]安东尼·吉登斯:《现代性与自我认同》，北京:生活·读书·新知三联书店，1988年，第23页。

② 上海滩(Shanghai Tang)，是中国第一个奢华生活时尚品牌，始终以坚持结合时代流行，复兴中华传统文化及手工艺为设计理念。

冲击着经济处于落后地位的民族文化，长此以往，这些落后地区的民族文化很可能因为经济全球化而凋落殆尽。“人们会担心个别的文化会在这股信息的巨流中（即全球化所形成的信息流动）中被稀释；从长远来看，这样一个进程可能导致各种地区和民族的文化混合为一种单一的同类的全球文化。”[①]人们与民族共同体的关系越来越疏远，他们的民族认同、文化认同也遭受强烈的冲击，届时人们或许就成为无源之水、无根之木，无法找到自己的起源。可见“单一的同类的全球文化”对于民族文化的传承与发展，对于民族甚至国家的文化身份认同无疑是一种巨大的挑战。

国家内部是由民族构成的，每个民族都有着各自的语言、风俗、制度、共同心理等，这是区分不同民族最鲜明的特征。然而，随着全球化的扩张，这种鲜明的特征正在不断弱化，各地人们的生活方式、价值观念等都在明显趋同，统一性越来越强，而地方性的民族色彩则越来越淡。以苗族为例，现在苗族的年轻人只有在重大节日时才会穿上苗族的传统服装，平时都是穿着现代休闲服装，有时即使在苗族重大集会上也不乏现代服饰的影子，姑娘们上身穿着传统服饰，脚上用旅游鞋、高跟鞋代替了原来的绣花鞋。传统服饰不再符合现在主流的审美观，大多数人认为穿着传统服饰不方便。

综上而言，任何事情都具有两面性，全球化同样是把双刃剑，它促使民族文化被重新发现，但其不利的一面也应引起各民族的警醒。始终坚持以民族文化个性化来应对经济全球化，全力应对各种可能的挑战，应以开放的心态迎接世界，积极参与交流合作，不能对自己的文化抱残守缺，不能因全球化而妄自菲薄，轻易否定自身的

---

① ［美］欧文·拉兹洛：《多种文化的星球》，北京：社会科学文献出版社，2001年，第1页。

文化传统。

二、苗族服饰对现代服装的影响

随着经济全球化发展，不同地域、国家间的交流逐渐加深，服饰的民族性差异逐渐模糊，少数民族服饰中已经融入了现代成衣因素，如在苗族地区，可以看到人们身着传统服饰，脚穿现代高筒靴。虽然，服饰的民族性差异越来越小，但是它在现代服饰中的表现力不但没有消失，在一定程度上反而增强了。20 世纪 70 年代，日本时装大师三宅一生[①]等将东方服饰的特色引入现代服饰设计中，创造了令西方人震惊不已的服饰形象。衣服自由的褶皱、宽松的造型款式，令人大开眼界。其后 20 年来，东方风格尤其是民族服饰文化中的诸多因素，如服饰造型、表现手法、装饰特色等不断受到西方的关注。这对于东西方服饰文化的交流融合，加速我国服饰文化建设都是良好的契机。在这一背景下，现代服饰设计不断从民族传统，尤其是少数民族文化传统中汲取营养元素，传统与现代穿插、结合。苗族服饰是少数民族服饰文化中的佼佼者，对现代服饰的设计理念，纹饰、款式、配饰等运用有很大影响。

（一）设计理念的转变

现代服饰设计中，大量采用少数民族服饰元素，如苗族服饰的纹饰、造型、挑花刺绣技术、色彩搭配，反映了现代服饰设计理念的

---

① 三宅一生，日本著名时装设计大师。他于 1970 年在东京以自己的名字创立三宅一生品牌，后成为知名的优秀世界女装品牌。他的产品有着鲜明的日本民族风格。

多元性和审美情趣的变化，人们的个性意识不断突出。儒家文化重礼，尊尊贵贵，不得相逾，反映在服饰上，就是每个阶级只能穿着各自阶级的服饰，不得逾越，因而显示出鲜明的等级观念。唐以后，黄色甚至成为皇帝的专利，僭越服饰者必遭杀身之祸，人为地将人们框定在不同的环境中，服饰成为判定人们在社会生活中角色的直接依据。这直接导致了服饰缺乏个性化因素，大量雷同，因而形成中国服饰追求雷同型的和谐美特征。这一特征在“文革”期间尤为明显，在服饰方面全国上下千人一面、款式单调，不管什么场合都要穿军装，包括结婚，人们的服饰好像被限制在军装里了。改革开放以来，随着个性意识逐渐加强，人们对于服饰的审美需求不断提高，个性化成为现代服饰设计的主要诉求。人们开始自己设计制作，旨在发掘个性，制作出属于自己的独一无二的服饰。少数民族服饰因富有浓郁的民族风情元素，而受到人们的广泛关注，被大量运用到现代服饰设计中，如褶裙、不规则衣摆、流苏式袖子、梯形领口、旗帜装、格式花纹等。在配色方面，也借鉴苗族等少数民族服饰的颜色搭配，多采用红、绿、靛蓝等鲜亮颜色，一反以往红配绿俗气的说法，洋溢着青春活力，富有朝气，给人一种和谐的田园美。少数民族服饰元素的大量渗入，既体现了现代人审美观念的改变，也表明了现代服饰设计理念融合多元化文化倾向。

（二）纹饰的应用

苗服有如此美誉，跟苗装上的纹饰图案分不开，这些纹饰都有美丽的传说，或者蕴含着某种特殊的含义。例如，苗族崇尚蝴蝶，特别在黔东南一带的苗区，蝴蝶被认为是人类始祖之一，是枫树生出的“妹榜留”，即生出孵化世界宇宙万物十二蛋的“妹榜留”。苗人把蝴蝶称之为“蝴蝶妈妈”,将其作为母亲的象征。苗族生活习俗离不开鱼,因此鱼纹也是服饰中常用的图案,以湘西和黔东南为主,鱼纹常和龙纹在一起使用。人们将其称为“然构”,含有“鱼公公”的意思。鱼在苗族民间宗教观念中,是多产多子的象征,即生命力的象征。苗族服饰中还有其他纹饰,如龙纹、鸟纹、“+”形纹、“卍”形纹、“#”形纹等。[①] 这些纹饰有些象征吉祥,有些是民族图腾,但是如今作为历史记忆或图腾的作用已经淡化,很多当地人也都说不清楚其确切含义,不过它已经转化为一种集体审美经验被人们广泛接受、喜爱。这些纹饰,给当代服饰设计很多的启发,成为一些服装图案设计的重要依据。例如 2010 年 10 月,上海滩发布“灿变”——崭新 2011 春夏系列,是以现代手法对苗族传统服饰进行的重现演绎,打造出了具有浓郁中国风的奢华服饰系列。“灿变”系列的设计灵感就是源于苗族服饰的印花、纹饰和色彩。大量运用了苗族服饰中如幸运符、靛蓝色调的苗星、靛蓝奖章、蜡染蝴蝶等元素,以简单优雅的方式再现苗族印花文化。女士系列在色彩搭配上,也借鉴苗族服饰色彩特色,以苗族靛蓝和绿玉间隔黑白色调,从而使浓郁的红色和紫红得以彰显。

另外,苗族纹饰的装饰部位也不同于汉族服饰,几乎全身上下都可以用来装饰各种图案,肩、领、襟、背、袖、腰、脚、腰带、围腰、围胸兜、头巾、帽、围裙、各种银饰、鞋、背带等,都是装饰的重点部位。(如图 1)这些对于讲究细节的现代服饰设计,有很大的启发。现代纹饰部位增多,胸部、袖口、肩部、背部甚至腰部都有大量的纹饰表现,于细节处体现出典雅美。(如图 2)

---

① 杨正文:《苗族服饰文化》,贵州:贵州民族出版社,1988 年,第 174—182 页。

图 1

图 2①

(三)丰富的款式

苗族服饰的款式有别于汉族服饰的单调,呈现出纷繁复杂的特色,和其他少数民族服饰相比毫不逊色。按照苗族各地方言,苗服可划分为湘西型、黔东型、黔中南型、川黔滇型和海南型五种,型之下又可分出二十三种款式。此外,苗族服饰在青年与老年、未婚与已婚、便装与盛装等方面有明确的区分。② 苗族服饰色彩丰富,衣料多偏重蓝、青、黑、紫等颜色,每个支系所用颜色也有不同。在苗服上能找到好几种颜色,甚至达十几种,不显杂乱,反而给人相得益彰之感。苗族的裙子或配饰,如衣袖绣片、飘带等的颜色都非常亮丽,多朱红、桃红、橘红、果绿、浅黄、银白、青等,色彩缤纷。亮丽的颜色搭配容易给人营造一种欢快、愉悦之感,反映出苗族人民对自然的喜爱之情。这种颜色搭配影响了现代人的审美观念,人们在服饰设

---

① 图 1 为贵州黔东南短裙苗女性服饰背面照。作者刘光华,摄于 2013 年 11 月 3 日。图 2 为现代民族风短袖,胸部、背部、袖口皆有大量纹饰。作者王春燕,摄于 2012 年 6 月 17 日。

② 龙光茂:《中国苗族服饰文化》,北京:外文出版社,1994 年,第 26 页。

计上逐渐开始偏爱那些鲜红、果绿、靛蓝等亮色系,迥异于改革开放前服饰偏深色系的单一色彩,表现了现代人对自然的喜爱与回归,同时也折射出现代人追求个性,展示自我的心理需求。

苗族女子除湘西苗族外多穿褶裙,以中长为主,大塘地区的女子则喜穿短裙或超短裙,因此也被称为"短裙苗"。褶裙是苗族富有象征性的服饰类型,褶裙制作也是当地的一项传统工艺,褶皱可以使服饰产生动感美和量感美。褶皱的设计在现代服饰中被广泛运用,有抽褶、垂坠褶、波浪褶、活褶,不同的褶皱样式可以产生不同的美感。① 这些褶皱被灵活运用到裙摆、袖子、衣服腰部位置,极富美感,同时也弥补了面料单一少变化的缺点,已经是现代服饰中不可缺少的元素。

苗服在细节处理上非常有特色,即使处于同一型同一款下面的苗服也各有特点。例如,有些地方的苗服,上衣前后长短不一致,或前短后长,或前长后短,呈不规则式,如贵州久仰乡的苗服,背后衣摆长盖裙一半。台拱镇的也是后摆略长于前襟。而施洞镇的衣服则相反,呈前长后短式。另外,黔东南有些地区女子还喜穿短裙或超短裙(如图 3),后面系绣花或织锦飘带,一身色彩斑斓,犹如高傲美丽的锦鸡,穿着时总体上也呈现出前短后长之感。这种不规则式的服饰造型被运用到现代服饰中,如近年来流行的不规则裙子(如图 4),给人一种洒脱不羁之感,且不规则的长裙前短后长的设计可以露出修长的美腿,拉长腿部线条,能衬得女性身材更加修长纤细,随风摇曳的裙摆也给人增添一种仙女般的浪漫气息。虽然无法考

---

① 魏静、徐时程:《服装褶纹的变化与应用》,《宁波服装职业技术学院学报》2002 年第 2 期。

究这种款式设计和苗服有没有直接的继承关系，但颇有异曲同工之妙。苗族服饰多为大襟、对襟，或左衽或右衽，穿时交领，领口多呈 V 字形，但是流行于三都、都云、丹寨等地的苗服，领口则略呈梯形。无独有偶，在现代服饰中我们也能见到这种款式，或许设计师就是从苗服中汲取的灵感。

图 3

图 4①

（四）多样化的配饰

苗族服饰中的配饰也非常有特色，基本上以银饰为主，设计成各种各样的造型，有银帽、银角、银项圈、银披肩、银手镯、银耳坠、耳

① 图 3 为贵州黔东南“短裙苗”女性服饰正面照。前面为短裙，后面系有八根织锦飘带，整体上呈现出前短后长的效果。作者刘光华，摄于 2013 年 11 月 3 日。图 4 为前短后长不规则长裙。作者张佳玉，摄于 2012 年 7 月 22 日。

钉、银钗等等，制作精美、花样繁多。苗族人性格温和善良，因而苗服多采用欢乐、温暖的色调，如红色、桃红色、绿色、靛蓝等颜色的大面积运用，这些再配上明亮的银饰，都给人欢乐、平和的审美享受。相对于苗族喜好明亮的银饰而言，汉族人受儒家文化影响更多地会选择玉、宝石一类配饰，质地细密，光泽柔和。闪亮夺目的银饰迎合了现代人张扬个性，渴望被人关注的心理，被大量运用到现代服饰和配饰上。例如，在现代服饰上经常可以见到一些亮片、亮钻装饰物，这些装饰品显示出一种张扬美，散发着浓郁的青春气息，使人显得极具时尚感。现代的配饰设计，在造型和色彩搭配方面，显示出了浓郁的苗族风情，如鱼纹项链、手提包、手链等。闪亮的银饰物对于现代舞台服饰的开发同样起到了非常重要的启发作用，例如2008年北京奥运会开幕式“辉煌时代 · 星光”，大约1000名身穿绿衣的演员全身银光闪烁，犹如满天繁星，时而组成振翅欲飞的和平鸽，时而组成星光闪耀的鸟巢。这种特制服装，与《印象 · 刘三姐 · 银色盛典》中那些苗族银珞姑娘的银灯服饰非常相似。

三、苗族服饰开发建议和具体措施

苗族服饰因其千姿百态、精美独特的造型款式以及深厚的文化底蕴享誉国内外。它独特的美吸引着越来越多的人关注，人们开始尝试对这一古老传统服饰进行多种多样的开发，在与现代文明结合的过程中迸发出耀眼的光芒。

在传统文化的现代化开发中也存在一些问题，如粗俗开发、破坏性开发。如何在最大化保持民族文化内涵的前提下，实现苗族服饰文化的现代化转型，是摆在我们面前亟待解决的重要问题。

(一)转变指导思想,坚持文化先行

经济全球化的迅速发展,在促进民族地区经济发展方面起到了重要作用,但是对民族传统文化资源的冲击也不容忽视,有些伤害甚至是不可逆的。近年来,各地少数民族虽已意识到这一问题,但在民族文化保护和传承方面却有很大的认识误区,即大都是以经济为中心开展工作,为本地经济发展服务。很多地方打着传统文化的噱头,大张旗鼓搞文化保护与传承,很大程度上仅仅是为了展示给其他人看,徒有其表而无内在底蕴支撑,对民族传统文化的保护与传承并没达到实质性的效果。很多的"民族村""民俗村"等现代人造"人文景观",兴盛一时后便匆匆凋零,最后陷入乏人问津的尴尬境地,最初的开发资本难以收回。另外,在以经济发展为主的政策指导下,出现大量的粗俗开发、破坏性开发等情况。

有鉴于这些问题,在对苗族服饰文化的传承与保护并促进其现代化转型的过程中,政府必须调整工作重点,让文化先行,始终坚持"先保护、后开发"原则。还要合理利用民间团体、科研机构、各大院校等的力量,对民族文化进行全面广泛的保护,形成全民性的文化保护意识,促进全民性的"文化自觉"意识的觉醒,在全社会形成浓厚的文化氛围,最大限度地保护苗族传统文化的内涵,保持其民族文化特色。

(二)开发坚持内容与形式统一原则

当前,民族传统文化作为一种新的重要的经济资源,受到各少数民族地区的重视。经济发展的诱导,促使更多的力量参与到民族文化的保护和开发上,带来了民族文化的繁荣,一定程度上促进了

民族传统文化保护与传承。但是,这种以经济发展为主导的文化保护和开发,考虑更多的是如何开发才能吸引更多的游客,关注的是文化开发所带来的经济效益。因而各地在民族文化的开发中经常会自觉不自觉地忽视对民族文化内涵的深层保护和开发。如《印象·刘三姐》,美丽的山水、精美的舞蹈、优美的歌声、庞大的演员阵容让我们久久难忘,但是细细回味,这场华丽的山水实景演出让我们感受到多少广西壮族传统文化内涵?而这些又和刘三姐文化有多少联系?这场演出从经济方面而言是成功的,但是从文化保护、开发角度而言,无疑是失败的。

内容与形式的背离,不仅使对民族文化的保护达不到实质性的效果,往往还会给外来游客以及当地少数民族群众带来不同程度的误导。另外,还容易导致对文化的庸俗化和破坏性开发,造成文化的失真,这对文化的保护与传承无疑是非常不利的。文化是一种脆弱的不可逆的资源,对少数民族地区文化更加需要注意可持续开发。苗族传统服饰文化的开发,必须借鉴这些经验教训,坚持内容与形式一致原则。在开发时不能只流于表面,空有其表,而应加强对苗族服饰文化深层内涵进行挖掘。

(三)结合现代人休闲娱乐方式,扩大苗族服饰文化传播面、影响力

苗族是一个文化资源丰富的民族,其璀璨的服饰文化是其他民族无法比拟的。"'艺术应该有吸引大众参与的魅力,而不只是高高在上的崇拜物',我们不否认精英教育与大师艺术,但是在这些基础

上,还要有适合公众参与的艺术形式。”[①]开发适合公众参与的形式,扩大民族文化的传播面和影响范围,使更多的人感受到苗族服饰文化的无限魅力。当然,前提是要保证其文化底蕴、文化特色不变。

实现苗族服饰与现代休闲娱乐方式的结合,首先必须了解不同受众群体的喜好以及接受能力,针对他们的喜好对苗族服饰进行各种方式的开发,可以和网络游戏、动漫、影视传媒、十字绣等结合。苗族是一个历史悠久的民族,有着非常丰富的民族传说和文化资源,这些都可以成为大型网络游戏开发的优秀脚本。一旦开发成大型网络游戏,青少年们可以在玩游戏的同时了解苗族的历史,也可以领略到苗族服饰变迁发展状况。一方面,绚丽多姿的苗服可以大幅度增强角色外型上的视觉美感,对于角色的个性化处理大有益处,也体现出民族文化的独特性。由于政治、经济等各种因素的影响,苗族服饰保存了大量的传统服饰,且独具个性特色,这些正是苗服在动画、网络游戏服饰设计中的有利条件。另一方面,苗族服饰在现代设计中得到传承,不仅实现了文化产业的现代化转化,也提升了动漫、网络游戏产业的经济价值。苗族服饰文化因而获得了另一种程度上的再生。目前,许多优秀的已经广泛被人接受的游戏动漫,在服饰的设计上都在不断借鉴、采用民族服饰的元素。目前市场上已经成功推广的动漫网络游戏中,有的已经添加了苗族服饰中的一些元素,如《大话西游3》中玄天姬所戴的银镯和银龙项圈。苗族服饰的某些元素虽然已经被运用到动漫网络游戏中,但是尚未形成完整的使用体系,还有待开发。苗族丰富的民族文化以及传说也

① 高雪:《从“十字绣现象”看当代装饰艺术与公众参与》,《艺术教育》2009年第2期。

是非常优秀的电视、电影素材，具有开发价值，当地政府有关部门应加大文化产业开发。

苗族服饰文化还可以借助十字绣这一近年来广泛流行的新式休闲娱乐方式进行开发。十字绣以其简单易学、公众参与性强的特点在很短时间内风靡全国，不管是大中小城市，还是乡镇村庄，都能发现十字绣的影子，在我们生活范围内也可以看到很多十字绣装饰品。任何艺术品或者文化要获得良好发展，都要具有吸引大众参与的魅力，而不是高高在上地受人崇拜。苗族服饰也应借助这一平台向外界展示自己，而且现在十字绣产业制作中有一款“PCStitch”设计软件，可以将任何图案转换成十字绣图示，还可以根据不同需要形成不同标准的图样。这些先决条件为苗服与十字绣结合提供了有利的条件。

（四）开发苗族服饰相关产品，树立品牌意识

苗族服饰那精美的刺绣、蜡染、花纹，精致的银饰，一直以来深受人们的喜爱，但是，如何推广普及这极具民族特色的服饰，一直是困扰人们的难题。要实现苗族服饰的现代推广，必须使苗族服饰和现代人的生活、审美观念结合，真正走进现代人的日常生活中。在现代社会，除非特殊场合，即使是苗族人也很少穿传统服饰。考虑到现代生活方式的改变，苗族服饰不可能一成不变地进入人们的生活中。但是这种改变不是全部否定，而是将苗族服饰中的一些旧有元素和现代服饰进行新的组合。这种新组合必须秉持两个前提：首先，坚持民族文化底蕴，形成有传统特色的现代设计；其次，吸取现代服饰设计理念，延续传统设计特色。当然，这种旧有元素的新组合，并不是简单的叠加，如将苗族服饰中的纹饰、造型、款式、色彩搭

配等叠加式地移植到现代服饰上，还应该包含传统文化的内涵，同时又能体现现代人的精神风貌，这样才能开辟出形神兼备的设计新园地。苗族服饰绚丽多姿，极富艺术美感，这些都是进行现代新式组合的重要资源。在开发苗族服饰产品时要吸收传统精华，对其深入研究，积极与现代审美观念、时尚特色、生活方式相结合，设计具有民族风情特色的服装款式，打造新的服饰品牌。同样也可以将这种设计观念运用到其他的装饰工艺品设计上，如旅游包、钱包、女士手提包、壁纸、桌布、男士领带等，这样既精致又极具民族特色，极富审美价值，也容易被其他民族的人接受，受众群体很大。

形成新的服饰和装饰艺术设计理念后，还必须将其付诸产业开发中，形成完整的产业链条，这样才是一个完整的服饰品牌，从而进入普通大众的生活。当地政府可以此为切入点，激励企业和个人积极发挥聪明才智，设计新的服饰品牌，形成完整的服饰开发、加工、销售行业链。

苗族侗族服饰刺绣的文化人类学阐释
——以广西融水和三江地区的苗族侗族为例

/徐秀红/

[摘　要]　在全球经济一体化背景下，融水、三江的苗族侗族服饰刺绣仍较完整地保存着。苗族侗族的文化绚丽多姿，尤其在服饰刺绣上更是异彩纷呈。民族服饰作为文化的载体，在形式和内容上都展现着本民族特有的文化内涵。所以各民族的历史文化、宗教信仰、审美意识和民族性格都蕴藏在各自的服饰之中。通过运用人类学、民俗学的理论与方法，比较分析广西融水和三江的苗族侗族服饰刺绣文化存在的趋同与存异现象，探讨民族文化相遇时刺绣文化竞生共生的原因，提出传承与发展民族刺绣的建议。

[关键词]　苗族　侗族　刺绣图案　趋同存异　文化人类学　图腾崇拜

一、服饰在民族识别中的“刻板印象”

少数族群形象在各种传播媒介中的表现，如民族志上的文化撰写与大众传播媒体中的文化展示，反映出各民族之间的关系，被表现族群的社会政治、经济、文化地位，以及人们对该族群的认识。在许多国家，人们用各种方式表现生活在他们国家中的少数族群，内容多展示歌舞、音乐、绘画、女性形象等，反映了国家主体族群对少数族群的认识，对少数族群的异域化的想象。这些被展现、被器重的“文化特质”也被本族群利用来诉求平等的公民资格。然而在实际的田野调查中，人类学学者们往往发现被某一个族群当作区分特征的文化特质，也能在其他族群中发现。不加联系和比较地认定某一文化事项为某单一民族的文化特质，这种认识误区我们称之为“刻板印象”[①]。这种思维定势阻碍我们对外界环境的认识，对民族文化发展规律的探索。

苗族和侗族是我国人口达百万以上的南方少数民族，他们居住区域相近，多在湘黔桂等省区。不少苗族村寨与侗族村寨相毗邻，历史上交往甚密，在很多方面有相似和共同之处。其中融水、三江分别是广西唯一的苗族自治县和侗族自治县。融水苗族自治县位于广西北部，云贵高原苗岭山地向东延伸部分，其东北部与三江县毗邻。融水县苗族人口约 21 万，汉族人口约 13 万，侗族人口约 5.86 万。三江县南与融安、融水相邻，是全国五个侗族自治县中侗族人口最多的一个县，全县 36 万人，其中侗族人口占 57%。三江又是一个多民族聚居的少数民族县，除侗族以外，还居住着汉、苗、瑶、壮等民族；全县辖有两个苗族乡和一个瑶族乡。[②] 笔者在调查时发现三江与融水地区的苗族侗族的服饰，存在形式相对独立而又相融共生的现象。

---

① “刻板印象”也叫“定型化效应”，是指个人受社会影响而对某些人或事持稳定不变的看法。它有消极的一面，即不用探索信息，直接按照已形成的固定看法即可得出结论，这种带普遍性的结论，会使人在认知别人时忽视个体差异，从而导致知觉上的错误，妨碍对他人做出正确的评价。

② 以上内容大多参照三江县与融水县政府网站公布的人口与行政规划信息。

苗族和侗族有各自的历史和传统文化，不同的文化决定了他们的服饰各具特色，这种文化的异质性是民族文化独立的保障。但由于相似的生产生活方式以及居住地的相近，民族之间的诸多交流，三江和融水的侗族苗族服饰又存在着一定的相似性，有着趋同的发展趋向。如纺纱、织布、染布、刺绣等一系列技艺的互相借鉴。苗族女装除了在百褶裙外会围一圈鸡毛条裙，上衣、百褶裙、胸兜、背带、包头（头饰）以及绑腿都与侗族的非常相似。笔者在广西三江、融水以及贵州从江县、黎平县的三次田野调查①中了解到，苗侗服饰只是在形式和制作工艺方面趋同，而在服饰纹样的文化内涵上存在很大的差异。为何在历史上地缘相近、民族之间文化交流频繁的两个民族却在服饰文化上存在如此大的差异，是一个值得探讨的问题。比较两地两个民族的服饰刺绣，在窥视其深层的文化内涵中了解其民族的历史、宗教及审美特性等，具有一定的学术价值和现实意义，也会给我们带来很多的启发和思考。

二、刺绣图案的趋同

广西融水和三江县的部分苗族女装在款式、风格上，已和当地的侗族女装大同小异，均为上衣下裳的服装制式。上衣为大领对襟衣，下衣以百褶裙为主。

皆带菱形胸兜，胸兜之端绣的精美花纹恰露于敞胸部位。

苗族侗族女性主体服装上的刺绣分布略同。如苗族女装的刺

① 笔者通过在融水的田野调查和参观陈列在三江侗族民族博物馆的侗族服饰，可以看出融水的苗族服饰在其漫长的历史演化过程中，其服饰文化中不仅继承了汉文化的基因，而且不断与其周边的侗族文化相互涵化。

绣集中在衣领、衣角、袖口部位,有的甚至分布于整个袖子或沿着整条肩线至脖颈位置。苗族与侗族的菱形胸兜一样,都在胸前上部绣有图案。苗族女性下衣以百褶裙为主,外配一条鸡毛条裙;苗族百褶裙有的为纯色,部分饰以各式刺绣或绘、染的纹样。苗族鸡毛条裙上的刺绣是最为集中的,特别是腰部多是整幅较为完整的刺绣图案。侗族女性服装上的刺绣图案主要集中在上衣的边缘部位,从衣领至衣角边缘,袖口的绣片也比较集中。侗族下衣也为百褶裙,但一般不绣染图案,且长短、颜色和制式比较固定,不像苗族的繁复庞杂。

苗族侗族女性服装的刺绣技法相似。苗绣的针法颇具独特的民族特色和技巧。主要有平绣、辫绣、绉绣、堆绣、叠绣、锁丝绣、数纱绣、打籽绣、挑花等十余种。由于苗族的刺绣图案多表现写实的具象内容,如动植物图案和人物场景描绘,图案较大,所以在调查中接触最多的刺绣技法是平绣和堆绣。侗族的刺绣技法较少,有平绣、辫绣、绉绣、堆绣、锁丝绣、挑花等。由于侗族的刺绣多抽象性纹样,如吉祥寓意的花鸟鱼虫,因此以堆绣、叠绣为主,这使得纹样呈现出较高的浮雕状,立体感强,有质感强烈的肌理效果,经久耐用,多做绣花片放袖口、领口和胸兜上。

苗族与侗族女性服装刺绣图案趋同主要表现在服饰刺绣的图形上。两民族杂居的地区,不仅两族女性的盛装在形制和刺绣技法上趋同,而且刺绣纹样也有大量相似之处。苗族侗族服饰图案上都出现植物中寓意美好的花朵果实(石榴花和石榴果实)、树木、鸟(鸳鸯戏水、喜鹊)、鱼(鲤鱼跳龙门)、龙(龙凤呈祥图、双龙戏珠)、蝴蝶、水纹和云雷纹的图案。

苗侗的文化交流发生在苗族的第三次迁徙前后。苗族迁入侗族地区，在地理环境相似的条件下，政治、经济、技术、文化发生接触，形成了相似的生产方式和生活习俗。传统社会里，苗族与侗族生活在高山丘陵或河谷地带，民众生活流动性不大，一般被限制在某一个相对稳定和封闭的社区里，生产和交往的规模都比较小。这时人们需要通过合作来了解环境信息以应对各种状况，苗族与侗族相互学习生产技术与交流生活经验，自然地，在服饰制作上也会互相借鉴。同时两族生活的地理纬度相近、地域环境相同、气候相似，同属于稻作生产的农耕民族。在三江和融水地区普遍种植有棉花和蓝靛，棉花和蓝靛是布匹生产的主要原料，这是两族服饰与刺绣技艺趋同的基础。地缘相近的苗、侗族之间经济技术交流频繁，必然影响民族文化的交融，使得邻近区域的服饰文化趋同。

图1　融水苗族服饰，腰花和袖花上都有龙的纹样，绣法为平绣，作者摄

由于苗族侗族都有过迁徙史，这种民族的迁徙，当然也包含文

化的大转移。民族相遇，文化交流成了消除“交锋情势”的唯一方式。若要社会进步，必然要求以开放的姿态交流，才能学得生存技能，适应当地的自然地理环境。苗绣的一些技艺也传入到包括侗族在内的其他民族中。苗族的服饰样式多且苗绣的纹样也较丰富，影响了侗族服饰刺绣文化的多样性。同时侗族没有全盘吸收苗族刺绣文化，他们借鉴并改造了苗族刺绣中一些样式，以促进自身刺绣的丰富和发展。因此，广西苗侗服装刺绣图案趋同，是两个民族文化相遇、交融的结果。

三、刺绣图案的存异现象

侗族服装上的图案多植物图案，以花鸟树木为题材，内涵淳朴自然；构图精巧秀美，较少占用大量篇幅去描绘一个形象。用色素雅，没有鲜明的色彩对比，偏向淡蓝、鹅黄、浅粉、白色、紫色、青色等冷色调。侗族刺绣的动物图案在数量和形式上都较苗族的少，且多鸟、鱼、蝴蝶，人物以及场景的图案则更少。侗族刺绣中的花卉果实图案有桃花、李花、石榴花、杜鹃花、油茶花、油桐花、寿桃等。侗族纹饰中蝴蝶的纹样由于借鉴苗族，也比较常见，但是龙纹和神话传说中人物的造型和数量上远不如苗族多。且侗族服饰中龙纹的形式比较稳定，多盘龙形，常出现在背儿带上。而苗族的龙纹形式变化万端，用色构图都较为大胆，不受拘束。

图 2　侗族胸兜上的刺绣纹样，作者摄于三江六十年县庆三江鼓楼内

苗族刺绣图案多动物题材，构图造型庞大、夸张、神奇，显示出苗族崇尚力量和冲突的审美意蕴。用色大胆，常用大红大绿、黄色、橙色等暖色调。苗族的图腾崇拜非常复杂，多以动物为主，其中包括龙、蝴蝶、鸟、鱼、虎、象、牛、马、狮子、老鼠。刺绣图案中常见的动物图腾图案，以龙纹、蝴蝶、牛纹为主。在苗族服饰的纹样中，精致的龙纹以及龙纹变形样式却处处可见。如二龙抢宝，龙与果实、花蕾、铜钱的结合体。此外，苗族刺绣图案中关于节日仪式、场景和人物纹样题材的也比侗族多。

图 3　苗刺绣图案，上有人物、鱼、鼠、鸟花纹，作者摄于融水

苗族女性服饰的刺绣图案题材广泛。在苗绣中大量出现的侗绣没有的牡丹花[1]纹样,是苗族女性在苗绣中最喜欢表现的题材。而且很多侗绣中没有的动物形象如蜈蚣、狮子、老鼠,民间传说故事中的英雄人物,以及各种巫术仪式或节日庆典的场景,都在苗族刺绣图案中有所展示。如苗族传说中的英雄人物张秀眉和务么细、鼓藏节的节日仪式和巫师做法时的场景,对没有文字的苗族来说,刺绣是凝固于服饰上的特殊文字,“以针为笔、以线为墨、以布为纸”,被用来铭记历史。苗绣在某种程度上不仅仅体现了苗族女性高超的刺绣技艺和独特的审美倾向,而且还是苗族的历史和苗族的百科全书。

图4　苗绣图案中的张秀眉形象和左下角的鱼龙图案,作者摄于贵州黎平

① 中国是牡丹的故乡,牡丹文化始于晋,兴于隋,盛于唐,极盛于宋。在中国古代文学史上有众多诗人、学者用诗、歌、赋、笔记、小说等形式多方面记述了牡丹。今天的苗族,主要生活在西南地区的云、贵、桂、湘一带。而这一带并不生长牡丹,很多苗族妇女也没有见过牡丹。但牡丹在苗绣中大量出现,是苗族女性在苗绣中最喜欢表现的题材。说明苗族历史上很早就与汉族发生过接触。

四、刺绣图案存异的原因

苗族侗族在发展固有文化的基础上吸收外族的优秀文化，但同时又都顽强地保留着自身的文化特点。分析原因主要有以下几点：

（一）族群认同功能影响刺绣图案

“苗侗族服饰上的图案纹样带有其部落徽记属性，这使其传承具有鲜明的集团性和稳定的历史承继性。各支系的纹样，有固定的母题和表述形式，它们经由漫长的历史时期而固化为传统，便代代相袭，极少有所改变。个人创作只能在传统范围内发挥，不是随心所欲地去完全表现个人意志。”[①]在苗族社会，相同服饰的成员为一通婚团体，语言、服饰的同一性是同一支系成员相互认同，取得归属感、亲近感的表征；游离于集团共同性之外的标新立异，等于拒之于集团之外。这种情况，在广西苗族和侗族中都较为普遍。

（二）宗教信仰在刺绣中的表现

苗族图腾崇拜、生殖崇拜、祖先崇拜都在其刺绣中留下印记。龙纹、牛纹、鼓藏节、蝴蝶妈妈的十二个蛋的神话在苗绣中频繁出现。《苗族古歌 · 枫木歌》有蝴蝶妈妈的十二个蛋的故事描述，创世的蝴蝶妈妈被苗族认为是人类祖先的母亲，是充满神性意识的苗绣

---

① 钟涛：《苗绣苗锦》，贵阳：贵州民族出版社，2003 年，第 2—4 页。

形象。这是苗族先民的原始信仰文化、原始宗教的反映。鼓藏节是苗族传统宗教的祭祀大典,是人类始祖姜央为了祭祀蝴蝶妈妈而创立的,这是祖先崇拜。在关于鼓藏节的苗绣中,场景描绘生动,人们表情欢快,手舞足蹈,鼓手表情与肢体动感,生动描绘出鼓乐齐鸣的场面。古老神秘的苗巫文化在苗衣上的投射。在苗绣中有少部分描绘的是祭神祀鬼时的巫术仪式场面。通过刺绣等手段,把神秘、不可捉摸的虚幻世界具象成符号,丰富多彩、朴素拙质,来表现苗族人民的社会历史、生活及观念意识。这种巫术意识代表着苗族对神灵观念体系的执着。

在广西三江侗绣中很少出现与巫术有关的仪式庆典的场景描绘,很少有侗族的故事情节与人物,但侗绣中也有动植物图腾崇拜、祖先崇拜和生殖崇拜的图案。侗族崇尚自然,信奉萨玛神,所以刺绣中出现榕树纹、鸟纹、蛇(萨玛神信仰有关)和蜘蛛(萨玛神的化身)图案。体现了侗族崇拜自然和信奉萨玛女神的宗教信仰。侗族人爱树,信奉风水树,树被侗民看成是吉祥和生命的象征。绣在背儿带上的树纹,被比作太阳的图案,向外发出光芒(如图 5)。鱼在侗族生活中的重要性不亚于风水树。侗族人逐水而居,侗人爱水也爱吃鱼,且认为鱼是最洁净的动物,把鱼绣在衣服上是多子多福的象征(如图 6)。另外,在侗族社会里,石榴果实和葫芦代表多子,寓意人丁兴旺,所以此类题材在侗族刺绣中也大量出现。

图 5　侗族背儿带上的榕树纹，作者摄于三江林溪乡程阳桥附近的农家

图 6　侗族鱼纹刺绣图案，2012 年摄于三江鼓楼

(三)民族的历史文化被刺绣“记录”在服装上

在苗绣中,有一些不能随意更改固定形象、代代相传、程式化了的叙事性图案。它们之所以能千年不变,不仅仅是因为纹样美观,还因为其蕴含着深刻的历史文化内涵。比如,在某些苗族支系的服饰中有些几何形图案,有的呈横长方形,纹样为回环式方形纹,非常像一座城池的平面图。当地的苗族群众会很认真地告诉你,这就是苗族先祖曾经拥有过的城市,那些线条代表着他们祖先在历史上的迁徙路线。甚至哪里是城墙,哪里是街道,哪里是田地,哪里是祖先指挥战斗的地方,他们会说得很清楚:“一幅绣片,一个片断,连在一起,就是我们苗族的历史。”苗族与汉族文化的交往历史早于侗族与汉文化的交往。所以多样式的、精致的龙纹牡丹纹在苗族刺绣上随处可见。

苗族历史上有一段以张秀眉和务么细为领导的农民起义。苗族人民为怀念张秀眉、务么细,把流传下来的很多关于他们的故事和传说绣在衣服上。苗绣中的英雄人物形象以张秀眉和务么细为主。把英雄的故事和传说绣在衣服上,既是为了缅怀历史,更是为了让英雄世代传颂。

侗族的历史文化中也有关于侗族花衣刺绣由来的传说故事。在三江富禄乡有关于龙女偷侗布绣花衣赠与侗民的风物起源传说:有几位到河边捶布的侗族姑娘发现布少了一匹,后来有位美丽的姑娘,身穿绣满彩花的侗布衣服从天边走下来,她告诉姑娘们是她拿走侗布去绣花。美丽姑娘走时将花衣花鞋留下,侗家女孩们就依花衣花鞋为样,制作侗衣。因此侗家的刺绣中花卉的比重大。

（四）汉化程度不同，刺绣图案的形制、数量也不同

苗族文化在长期的发展过程中，由于其特殊的迁徙史，早已将汉文化的元素巧妙融入本族的文化中。如牡丹在苗绣中的大量运用与创造，且形成了带有苗族文化元素的“牡丹”。两族都曾与汉文化发生过接触。苗族侗族与汉族融合，两族的刺绣图案都出现了汉字符号“福”“寿”“囍”“幸福平安”“劳动光荣”等纹样。由于苗族住在交通不便的山腰处，而侗族居住在低处山脚平坝地区，[①]逐水而居，交通较为方便，因此侗族汉化的程度较高一些。这也可以从苗族侗族服装刺绣原料的供给程度来判断。如侗族女性服饰的制作材料，有一部分用买来的花边、布匹、花带、珠子、丝线制作；苗族因为经济和交通原因，更多地是从纺织、染色等环节亲力亲为，这也是苗族服装保留了更多本民族传统特色的原因之一。

另外，侗族也有百鸟衣，且只允许男的穿；而苗族的百鸟衣不分男女均可穿。从男尊女卑看其封建化程度，可以判断侗族在思想上汉化的程度高于苗族。且两个民族的服装无论是在构图、用色还是表现内涵方面，侗族的女性服装更朴素淡雅，多植物花鸟类，内敛含蓄，体现和谐与理性、近乎庄重的意蕴；苗族女性服装更自由夸张、热烈些，多表现冲突与矛盾，刺绣多凶猛的野兽图案（如图 1 中融水苗族女性的鸡毛条裙上有双龙图案）。这表明侗族的服装制作理念更趋向于中庸，时刻把握“度”；而苗族的制作理念更为原始，趋向于不受拘束的自由奔放的理念，可见两族的汉化程度深深影响其刺绣图案在服装上的表现。

---

① 融水县六十年县庆，一位表演芦笙舞的苗族师傅，在表演结束后接受我们采访并告诉我们，一般侗族居住在较低的山脚地带，苗族居住在较高一点的山腰处，而瑶族则住在高山山顶处。

（五）不同的审美意识造成刺绣图案的差异

刺绣中的纹样在世代传承中，构成人们共同的思维方式和审美定势，表达了人们对美好生活的向往。这些后人或许并不了解这些纹样的原始意义，但她们都把这些纹样视为美好的、吉祥的，只有这样才“好看”，无需去改变它们。由于各个民族的审美差异，两个民族在用色和构图上呈现出异质性。

苗族多为较原始的审美印记，追求热烈浓郁的风格，以及崇尚力量与张力，以繁杂、厚重为美的审美特点。所以苗族女性服装刺绣经常使用颜色鲜明、对比强烈的红绿色、橘黄等色；构图上也常出现不对称、自由、夸张的图形；而且常有大面积的图案，多是动物写实的具象描绘。侗族追求生态和谐、朴素自然的审美理想。从众多的侗族刺绣图案中我们也看到，侗族很爱用浅蓝、青色、粉色、白色等淡雅、明快的冷色调，忌大红大绿且服饰不灰暗；没有大面积构图，不显得杂叠，没有眼花缭乱之感，多为植物图形，清新淡雅，造型和谐。

（六）民族性格与刺绣图案

民族历史、民族信仰、民族习性和审美意识的不同，必然导致不同的民族性格。侗族逐水而居，以稻作农耕为生产方式，环境较为优越，与汉族交往频繁，文化多吸收了封建文化，因此其性格稳重庄重，显得更彬彬有礼；侗族女性较苗族更含蓄内敛、温和。这种水一般的民族性格在侗族女性服装上更表现为颜色、剪裁、构图上“度”的斟酌与把握，所以，侗族的服饰纹样散发理智光芒，不冲突、和谐素雅的用色都显示出侗族性格特点。由于苗族居于相对恶劣的地域环境，经济较为落后，苗族的民族文化显示出深刻的原始印记。因此苗族的民族性格更外向爽朗。强烈的色彩搭配，其刺绣图案具有自由洒脱的张力，思维奔腾活跃，异于常规化的比例构图，充满浪漫式的幻想和夸张；因为敬畏强大而独特的力量，所以苗族服饰更厚重。这些都是苗族热烈、自由性格的外显。

通过苗族侗族服饰上花卉、图腾、人物图案及其故事场景的比较研究，来解读民族文化相遇中存在的文化趋同存异现象。苗族、侗族的民族文化绚丽多姿，尤其苗族的服饰更是异彩纷呈。苗族侗族在长期的文化发展过程中都保留着自身的文化特质，形成本民族的历史文化、宗教信仰、风俗习惯、审美意识和民族性格，又积极吸收其他民族的优秀文化，在民族间的文化相遇中“竞生”、“共生”[①]。同时又将民族服饰作为文化的载体，把民族的历史文化、宗教信仰、审美意识和民族性格蕴含在自己的服饰之中，这是极其珍贵的民族文化遗产。

在经济全球化时代，如何保持并传承苗族、侗族的服饰刺绣，是政府及服饰研究机构、民族事务等部门要认真思考的问题，需要采取一些保护和抢救措施。

首先，由政府出资牵头建立民族服饰研究、生产机构。其机构收集、展示并生产广西各民族的各种服饰，尤其技术难度大，制作工艺复杂，濒临失传的服饰、刺绣、佩饰等。其产品可供展览、销售使用。各民族地区的展览馆、博物馆、文化馆都需要展出这些民族服饰。虽然各地区的民族群众平日不常穿民族服装，但是参加节日、庆典、民俗活动时大多数人还是隆重地穿上本民族服装。所以，民

① 张泽忠：《民族间的文化相遇》，《社会科学战线》2012 年第 8 期。

族服装的销售还是有一定市场的。

其次，由政府出资聘请各民族的服装、刺绣、佩饰制作大师到高校的服装专业授课，传授制作技艺。在小学将民族刺绣与手工课结合起来，请刺绣大师到小学授课，将刺绣作品算入手工课成绩，激发学生学习刺绣的兴趣，使各民族刺绣工艺得以传承和发展。

论侗族河歌传承发展的现状与困境

/杨宁宁/

[摘　要] 侗族民歌不仅有大歌,也有河歌那样的小歌。河歌是侗族青年行歌坐夜时唱的情歌。它虽是情歌,却内涵丰富,具有文学、艺术人类学和民俗学等多学科特点。河歌传承发展的现状堪忧:随着河歌功能作用的改变,河歌传承方式及传承场域也发生了改变,这些改变导致河歌原初的文化内涵发生改变。河歌传承最大的困境是河歌与歌师的流失,如果建立歌师评级机制和侗歌传习馆,可有效地扭转或缓解河歌的流失,使其得到更好地传承和发展。

[关键词] 河歌　特点　传承　发展　现状　困境

每个民族都有自己的民歌,尤其是历史上没有自己文字的民族,其民歌更加丰富、发达。因为其民族的历史文化、宗教信仰、生产经验及生活常识,都是通过民歌记载传承下来的,侗族民歌就是其中的代表。

侗族民歌历史悠久,有学者认为早在 2500 年前就已经出现,其根据是刘向《说苑 · 善说 · 越人歌》:“山有木兮木有枝,心悦君兮君不知。”①其优美的歌词至今为人们赞叹。关于《越人歌》的归属，有学者认为是壮族的，也有学者认为是侗族的。之所以会有不同说法，是因为壮、侗民族同源于古代的百越族，他们都是百越族的后裔。到宋代陆游《老学庵笔记》记载：“辰、沅、靖州蛮有犵狑（侗族），有犵獠……醉则男女聚而踏歌。农隙时至一二百人为曹，手相握而歌，数人吹笙在前导之。”②到明代邝露《赤雅》则曰：“侗人善音乐，弹胡琴，吹六管，长歌闭目，顿首摇足。”③这些文献说明侗族民歌在古代已经非常有影响，广为人知。

自二十世纪八十年代末期，侗族大歌进入“人类非物质文化遗产代表作名录”，侗歌开始走出国门，唱响全球，侗族因此获得了“东方音乐民族”的美称。与侗族大歌相比，河歌在侗族民歌中属于“小歌”，其内容多为男女婚恋的情歌，为单声部的单人演唱、双人对唱，故称为“小歌”。目前学术界对侗族民歌的研究主要在大歌方面，河歌与大歌相比，两者研究一冷一热，河歌几乎无人问津，中国知网上检索到的论文仅有3篇，正式出版的歌本仅有石峰《侗族河歌》一本。河歌虽为小歌，但是它在南侗地区流传很广，数量多，体系完整。它对于传承侗族的文化和民俗，反映侗族婚恋习俗及其他民俗有着极其重要的意义和史料价值。

---

① 刘向撰，向宗鲁校证：《说苑校证》，北京：中华书局，1987年，第278页。

② 陆游撰，李剑雄、刘德权点校：《老学庵笔记》，北京：中华书局，1979年，第45页。

③ 邝露：《赤雅》，北京：中华书局，1985年，第13页。

一、河歌的基本情况及特点

（一）河歌的基本情况

侗族河歌又称侗族河边腔，河边情歌，它与玩山歌（流行于北侗地区）、坐夜歌构成侗族情歌三种不同的风格和类型。“河歌”是从侗语“嘎孖”意译而来。侗语中“嘎”即歌，“孖”有河、江的意思。“嘎孖”意为河边的歌，它是侗族无伴奏音乐“小歌”类中的歌调之一。河歌是侗族青年男女在劳动之余，行歌坐夜[①]，寻找伴侣和老年人劝世训诫时演唱的一种歌调。侗族学者称它为“细声歌”“流水歌”“河边歌”。它流传于都柳江（侗语称孖融）两岸及其支流一带，用南侗方言演唱。河歌内容丰富，体系完整，河边情调浓郁，曲调大致相同，舒缓平和，轻柔如流水，自由抒情，适合轻歌慢唱。其歌词都以都柳江“孖融”为衬，演唱者把学来的歌词，加上即兴创作的歌词融合一起，表达男女青年相互爱慕、赞美之意。演唱者一般都用轻柔纤细的小嗓或假嗓演唱，歌声婉约柔美，悠扬缠绵。

侗族是一个逐水而居的民族，其村寨多分布在都柳江沿岸及其支流一带的山谷地区，多依山傍水而建。广西的少数民族住在山上唱山歌，侗族因住河边故唱河歌。河歌的演唱场所有河边、田野，之后几经变迁，室内、走廊、火塘到戏台。演唱的场合多为男女青年行歌坐夜、走寨游玩、赶坡会和劳动的时候。

河歌传统演唱形式多样，有单人唱法、双人唱法、男女对唱法和

① 是侗族人一种集社交、恋爱、娱乐等多种功能于一体的社会习俗活动，活动的主要内容是男女对唱情歌。

两男两女对唱法等，形式不定。它主要流行于南侗区域，沿都柳江流域分布，在都柳江上游及其支系的贵州黎平县龙额、地坪、水口等乡，从江县的西山乡，广西三江、融水等县的侗族村寨最为集中。这些地方的侗寨依山傍水，平时赶坡会、赶歌坪、赛芦笙、吃相思等民间社交娱乐活动较多，唱的侗歌音调唱腔不同于其他侗族地区，具有浓厚的依江傍河居住的侗族人的生活气息。①

（二）河歌的特点

1.文学特点

其一，河歌具有民间文学的特点。河歌是侗族口头传唱的民歌，是侗族人民的口头创作。它具有民间文学集体性、口头性、变异性、传承性及乡音土语的特点。侗族的大歌、小歌都没有文字和曲谱记载，世世代代都靠耳听心记。在侗族地区一直流传着这样的说法："汉家有字传歌本，侗家无字传歌声。"它反映了侗族人的历史、社会形态、生产生活知识和伦理道德观念都是靠民歌来传承。所以侗族无论大歌还是小歌，都承担着传承本民族历史文化、思想观念、宗教信仰、文学艺术、知识技能、道德伦理的功能作用。侗族人说："我们以歌替书，学歌就相当于学文化。"传歌的歌师被侗族人视为学问高者，视为文化的代表，备受尊重。

其二，河歌歌词内容丰富，优美动人，语言含蓄、质朴、生动，比喻性强，具有浓郁的河边情调。如：

三月种豆六月结，双双对对挂满园，我俩结情共根藤，结成

① 石峰：《侗族河边情歌特点及月堂对歌考察评述》，见黎平县政协编《社会主义新农村建设与文化遗产保护论文集》2008 年第 3 期。

对对到百年。(《饭豆》)

剪刀一把两边分,靠颗铁心来相连。我俩结情讲诚心,剪烂刀缺心不变。(《剪刀》)①

如果你像鲤鱼一样到江河中去,我也不像阳沟那样躲在溪沟里,如果你舍得离开父母,我也舍得离开家乡与你远走高飞。②

河歌因为是情歌,表现思念的情感较重,曲调有悲情色彩。由于是在河边歌唱,所以对河中景物信手拈来,像江、河、水、鱼、虾、螃蟹、龙、网、桥、船、木排等物像出现在歌中的频率很高,歌中常借景抒情,以物像寓意人生,赞美生活,比喻爱情。如《能涞孖融》:

船下融江我便随河下,船到融安离别远,妹在家中不想哥,只有远去的情哥心中想妹望天边。③

这是一首在侗乡流传很广的情歌,歌中表达了情哥与情妹离别的思念与牵挂,忧伤不尽的相思之情如滚滚流淌的融江水,绵延不绝。语言质朴,情感真挚,曲调优美动听,令人沉浸在缠绵相思的爱情之中。

其三,音韵合谐,押韵独特。河歌讲究严格的腰脚韵律,演唱起来朗朗上口,便于传唱。腰脚韵指歌中的第二句前三个字(最好第二、第三字)押第一句尾字,形成腰韵;第三句的尾字押第二句的尾字,形成脚韵;第四句与第三句押腰韵,同第二句与第一句一样;第

---

① 吴浩:《希榴花》,见杨尚荣等《三江文艺60年作品选集》,南宁:广西人民出版社,2012年,第614页。

② 三江侗族自治县民语委:《侗文专刊》。

③ 石峰:《侗族河边情歌特点及月堂对歌考察评述》,见黎平县政协编《社会主义新农村建设与文化遗产保护论文集》2008年第3期。

四句尾字没有押韵要求。“腰脚韵最大的作用，是通过音韵，使歌词之间紧密衔接关联，加强了内部结构的联系，而使作品更具有整体统一性。”[①]“这种押韵形式，环环相扣，层层递进，有如鱼咬尾，群鱼上滩之势，不唱完停不下来，不唱完无法罢休。”[②]

其四，河歌的曲目很多。在南侗方言区流行较多的歌种有《催请歌》《盘问歌》《赞美歌》《初交歌》《深交歌》《私奔》《分散歌》等。上面列举的只是歌组的名称，每组歌下面还有无数首歌曲。如《催请歌》一组里，可根据演唱的具体情境即兴演唱歌词不同但意思相近的歌曲。每一组歌里的歌可以自由变换歌词，方便歌手即兴编歌和对歌。

2.艺术人类学特点

河歌是南侗地区专有，用南侗方言演唱的歌曲，它是南侗方言区较为古老的情歌歌种。它是无伴奏单声部演唱，演唱者一至三人不等，这是与侗族大歌多人多声部演唱最大的不同。声音唱腔也有别于“大歌”，是轻声慢语地演唱，非常符合青年男女在河边月堂悄声细语谈情说爱的氛围情境。

河歌与侗族其他情歌的区别在于它独特的音调唱腔。它多用假嗓或小嗓音唱，音调低缓轻柔，婉转缠绵，别具一格。形式以七言居多，长短不一。演唱时在每个句子停顿两次，停顿处多有“咦”“嗯”“爱依”等语气衬词。衬词的运用完全由歌手在演唱时根据情感表达的需要来选择使用，它不仅能使歌手充分抒情，使歌曲更悠扬婉转，还增加歌曲音韵的美感。

---

① 黄宪：《嘹歌的腰脚韵及衬词研究》，《歌海》2008年第5期。

② 黄宪：《嘹歌的腰脚韵及衬词研究》，《歌海》2008年第5期。

河歌体系完整，对歌有序。演唱或对唱时依照《催请歌》《盘问歌》《赞美歌》《初交歌》《深交歌》《私奔》《分散歌》的顺序演唱，因此演唱很耗时间，经常通宵达旦，侗族“行歌坐夜”的习俗由此而来。

3.民俗学特点

河歌是侗族情歌，它全面系统地反映了侗族的婚恋习俗。河歌成为青年男女劳动、游玩及恋爱时表达情感的载体和工具。像侗族的“赶社节”“坡会节”“春社节”等节日，演唱河歌成为节日活动的主要内容，是各村寨社交联谊活动的媒介。由于侗族的婚姻形态是“恋爱自由，婚姻不自主”，所以河歌成为情人、恋人倾诉悲欢离合，表达忧喜得失的情感载体和形式。侗族人的婚姻形态、婚恋习俗、特点及发展演变的情况，能够从河歌中全面系统地反映出来。

侗族历史上是没有文字的，侗族的历史和知识经验都是靠唱歌代代相传。河歌虽然是情歌，但是侗族的历史、生产劳动、生活经验、自然崇拜、道德伦理、审美意识等知识和观念，常在青年男女谈情说爱的知识和智慧的测试中，通过对唱问答被一一呈现出来。

二、河歌传承发展的现状

改革开放和经济全球一体化，使侗族地区的经济、文化得到快速发展，直接影响和改变了侗族的民族文化和民间文学，也改变了河歌的传承发展。

(一)河歌功能作用的改变

河歌是情歌，是侗族人民谈情说爱时演唱的歌，是侗族人民传递爱情的媒介。所以，它原初的功能是谈情说爱。在南侗地区的各种节庆、民俗活动中，人们也喜欢演唱河歌，它既是一种社交方式，也具有一定的欣赏、娱乐价值。

改革开放以来，经济的发展使侗族地区交通更便利，侗族村民与外界的交往联系日益增多，改变了过去经济文化封闭落后的状况。许多侗族青年走出家门到外地打工、求学或经商。在经济发达地区，他们受到主流文化和多元文化的影响，思想观念、婚恋观念和审美观念都发生了改变。观念的改变，使他们对自幼耳濡目染的本民族传统文化的认知也发生改变。对传统的河歌，他们有的感到迷惘、自卑，认为那是封建落后的文化；有的怀念、珍惜，为渐渐消逝的纯美的天籁之音感到惋惜。

交通的便利促进了侗族地区旅游业的迅猛发展。侗族独特的建筑艺术——鼓楼、风雨桥及保存完好的侗族村寨、民居，还有享誉世界的侗族大歌都使国内外成千上万的游客纷至沓来。游客在与侗族村民沟通交流中传递着外面世界各种经济、文化的信息，这些信息对侗族村民产生了正面和负面的影响。

大众传媒的普及，电视、广播、网络、手机等现代技术的发展和广泛使用，使侗族村民对外界有了更多的了解。他们的观念意识也在悄然发生改变。年轻人婚恋观的改变，谈情说爱的方式也随之改变。他们摒弃了传统的以河歌为媒介进行谈情说爱的表达方式。在他们看来以唱河歌来谈恋爱，既古老又耗时。那种委婉含蓄，眉目传情的恋爱方式，已经完全不能适应今天快节奏的现代化生活。从最初文化普及时用书信向心仪者表达爱意（也有直接面对面地谈情说爱），到电子产品、网络普及，侗族青年以固定电话、手机、网络为媒介，与爱慕者传情达意，互诉衷肠。如此一来，河歌谈情说爱的功能已完全丧失。

（二）传承方式的改变

过去侗族没有文字，河歌传统的传承方式与侗族其他民歌一样，都是靠"口传心授"，主要是长辈口传给晚辈，代代相传。吴浩在《侗族歌谣研究》中总结了侗族民歌有三种传承方式：第一，师徒传承。由歌师、款师、耶师、巫师等口传给后辈青年。第二，家庭传承。侗族有一些歌师世家的家庭，这些家庭分父系传承和母系传承，即父传子，母传女，这样代代相传。"只是'嘎'和'耶'中的情歌部分，家庭传承模式中的父系传承方式及母系传承方式这两条渠道是不能交叉的（父亲与女儿、母亲与儿子、兄与妹，忌讳谈唱情歌）。"①第三，社会传承。侗族地区流传一句谚语"饭养身，歌养心"，表明唱侗歌是侗族人的一种生活娱乐和精神追求。侗族青年自幼随家人一起参加各种侗族的节庆、风俗活动，这些活动都少不了各种侗歌的演唱。一些音乐天分高的侗族孩子，长期接受侗歌的熏陶，耳濡目染，加上个人喜好，从模仿开始，渐渐地无师自通，自学成才。这三种传承方式也是河歌传统的传承方式。

在现代社会，河歌的传承方式，除了上述几种传统的传承方式，还有现代的。

其一，歌本传承。随着侗族人民文化的普及和提高，许多有文化的歌师或河歌爱好者，采用汉字记侗音的方法将一首首的河歌手抄记录下来，成为河歌歌本，在侗族歌班、歌手中使用。因为歌本是音译而非意译，所以只有懂侗语的人又有一定汉语文化基础的人才能看懂歌本。歌本较之"口传心授"的传承方式有了一定的进步，但

① 吴浩、张泽忠：《侗族歌谣研究》，南宁：广西人民出版社，1991年，第168页。

是其传承的范围还是比较有限的，加上手抄歌本纸张质量不同，传看、翻阅过多，都会造成一定程度的损坏，不利于保存。再有抄录者各人字迹不同，书写不规范等都会造成使用的困难，如字迹辨认有一定困难，容易认错字；如果抄录者使用错别字，容易造成歧义，就会错上加错。加上时间久了，保管不善等原因，会造成歌本的破损、脱落等情况，这些对河歌的传承都会起负面影响。

其二，校园传承。1988 年贵州高等艺术专科学校（贵州大学艺术学院前身）设立了侗歌班，招收了 24 名土生土长会唱侗歌的初中毕业生，聘请了优秀的侗族歌师吴定邦、石平姣给他们教授侗歌。1984 年贵州榕江县文化馆的张勇在县中心小学开展了侗歌进课堂的实验。自此侗族地区的许多小学逐渐开始教唱侗歌。侗族学生自小学唱侗歌，培养他们对侗族文化和侗歌的了解和喜爱，是极其有益的。对侗族民歌的传承起到积极促进作用。但是，河歌多是关于男欢女爱、婚恋嫁娶的情歌，这类歌曲不太适合小学生演唱，所以有的学校不教河歌，即使教的也有所顾忌。

其三，电子媒介的传播与传承。电子媒介，是指运用电子技术、电子技术设备及其产品进行信息传播的媒介，其中包括广播、电视、电影、录音、录像和光碟等。大多数电子媒介属大众传播媒介，其中广播、电视是最主要的电子媒介。经济全球一体化促进了电子产品的普及和信息网络的畅通，这些都极大地促进了侗族地区经济、文化的发展进步。随着侗族地区广播、电视的普及，电话、电脑、网络的畅通和广泛使用，借助现代技术和电子媒介，河歌开始在广播、电视、网络里不时出现。各种录制河歌的磁带、光碟出现于广播、电视、歌厅、KTV 及大街小巷的功放机里。

电子媒介传播河歌具有受众面更宽、更方便的特点。它不受时间、地域、人员等各种条件因素的限制，深受侗族人民欢迎。河歌通过电子媒介的广泛传播，促进了它的传承和发展。运用现代技术保存收集河歌，具有贮存量大、占用空间少、查找方便等特点。它能够在真实、准确的基础上最大限度地保存河歌演唱时的声音和画面。这种传承方式较之传统的口传心授和歌本的传承是一大飞跃。电子媒介对河歌的传承的路径呈网状或辐射状，比传统的点线垂直的传承路径和面积要大得多。

其四，市场传承。市场传承有两个渠道，一是政府为了节庆活动或招商引资，采用文化搭台，经济唱戏的方法，举办各种民俗节、文化艺术节和旅游节。在这些节庆活动中，演唱包括河歌在内的各种侗歌是必不可少的节目。每到这种时候，各学校和各村寨的歌队、歌班都要上台演唱侗族的大歌、河歌、琵琶歌等，像贵州的黎平县龙额乡每年还举办河歌竞赛。二是侗族聚集地的旅游景区，以民族风情游作为旅游特色来吸引游客。作为侗族三宝之一的侗歌演唱是重要节目，这种表演既演唱侗族大歌，也演唱河歌。这些表演都可以获得经济报酬，又能在众人面前展现自己、宣传自己，提高歌队和自己的知名度，所以无论是歌队还是歌手，参与这样的表演活动的积极性很高。这些活动对于吸引年青人学习侗歌，传承侗歌都起到积极促进作用。

（三）传承场域的改变

河歌作为侗族的情歌，过去演唱场域多在河边、田野、火塘、月堂和鼓楼等僻静的地方，这些地方是侗族青年男女幽会独处的最佳场所，适合他们说些私密的悄悄话，河歌正是侗族恋爱男女以歌代言唱出的心声。但是随着时代的发展，河歌的传承场域发生了改变，由山野、河边变为表演的舞台和校园的课堂，甚至出现了电视、广播和网络等虚拟的场域。传承场域的改变，使得“男女青年含情脉脉的真情对歌已不多见；月堂屋、火塘边以歌传情的动人情景亦寥寥无几。……市场化操作，侗歌艺术只作一种供他者观赏（以盈利为目的）的样式‘表演式’地存活下来”①。河歌传承场域的改变，使河歌作为恋爱媒介的功能作用完全丧失，变为在大庭广众下为观众表演、供众人欣赏娱乐的演唱艺术。

表面看，河歌的歌词内容没有改变，演唱的方法和形式没有改变，但是，歌者与听者关系变为表演者与观赏者，歌者身份由求偶者变为表演者。河歌功能作用的改变，演唱场域的改变，演唱者身份的改变，已经使河歌原初文化的本质内涵逐渐发生改变，这种改变不以人的意志为转移。河歌传播形式、传承方式以及传承场域的改变，对其文化内涵的改变起着推波助澜的作用，它们之间的关系是环环相扣，互为因果的，所以要想阻止和扭转这些改变，几乎是不可能的。这是当初积极抢救河歌的学者、专家始料未及的。因为时代发展了，侗族人民的思想观念和生活方式已经发生了改变，他们不可能再回到过去的时代，也不可能以河歌作为谈情说爱的媒介，这是时代发展的必然趋势，不可逆转。

三、河歌传承发展的困境与解决对策

（一）河歌的流失

河歌作为侗族民间的口头文学，历史上一直延续着师徒“口传

① 张泽忠、韦芳：《侗歌艺术传承研究》，北京：民族出版社，2010年，第173页。

心授”的传承方式，随着这二十多年来河歌受众群体的流失，河歌进入了衰亡时期。目前健在的高水平歌师都已年逾古稀，随着歌师的人老故去，许多河歌也将随他们的逝去一起消失。从杨尚荣的《款嗓嘎：文化生态视野中的侗族歌师与歌论》一书采访的 24 位歌师情况看，他们年龄大多在七十岁以上，个别六十多岁。如果不抓紧时间将贮存在老歌师头脑中的河歌搜集、记录、整理出来，侗族河歌消失的情况将不可逆转。

目前正式出版的侗族民歌的本子有一些，这些本子收录的侗族民歌内容涵盖各个方面，单纯以河歌为内容正式出版的仅有石峰收集整理的《侗族河歌》。笔者曾就侗歌及河歌收集整理问题与石峰老师作过交流，他认为目前收集整理河歌最大的问题是需要政府在经费上给予支持。经费用途有两个：一是作为收集整理河歌的工作人员的劳务报酬；二是用于河歌的出版印刷费用。

河歌的收集整理应纳入侗歌收集整理总体计划中。收集整理的人员应是侗族地区懂侗语的有较高文化的退休干部、教师及在校的中文、音乐专业的大学生（他们可利用假期进行），再有就是文化水平较高的歌师。

目前有相当一部分河歌歌本，是由有一定文化基础的歌师自己用汉字记侗音的方法记录下来的。由于“汉字读音与侗语不能准确地达到一一对应关系，纸质材料只能保存歌词的大致读音。每个歌师选用的汉字记音符号有所不同，相互间不易交流，只能方便歌师自身使用”①。加上经常翻阅，保管不善等原因，歌本容易脱落、破

---

① 杨尚荣、韦芳：《款嗓嘎：文化生态视野中的侗族歌师与歌论》，南宁：广西人民出版社，2012 年，第 294 页。

损。抄录文字书写不规范，字迹潦草等多种因素，使这样的歌本也难以传给后人。

（二）传承人的流失

河歌的传承人主要是歌师。现在的歌师大多年事已高，有的已经身故。很多热爱侗歌的学者和歌师对于侗歌面临断层的问题深感忧虑。当今的侗族青年不会唱侗歌、不喜欢侗歌的情况比较严重。虽然侗歌进校园对包括河歌在内的侗歌传承有一定作用，但是小学生学唱河歌的不太多，即使小学阶段唱河歌，升入中学后，就不再继续唱，他们又不参加各种表演、节庆等活动，这样唱侗歌的机会也不多。中学毕业走向社会后，受大环境的影响，许多侗族青年纷纷走出村寨，到外求学或者打工。他们接受了更多的主流文化和西方文化的影响，思想观念和生活方式都发生了改变，他们与传统的侗歌越来越远。

（三）解决对策

侗族河歌传承发展中出现河歌流失及传承人流失的情况，是广西各民族民歌流失的一个缩影。民歌严重流失的情况在全国都具有普遍性，如何解决这一问题，关系到能否将我国宝贵的民族文化遗产保护好并继续传承发展的问题。解决对策如下：

1.建立歌师传承人制度。歌师是侗歌的传承人，也是传承侗歌的保证，所以只有保证有一支稳定高素质的歌师队伍，才能从根本上解决侗歌传承的瓶颈问题。解决歌师的关键问题是政府领导的重视，在政策层面和人员、经费上给予支持。

建议在各侗族自治县及侗族聚集的县域建立歌师传承人制度。

对各县、乡、村歌师情况做统计、调查。统计内容包括年龄、性别、文化程度、侗歌演唱水平、影响指数、掌握侗歌数量、演唱侗歌年限、培养学徒人数、学徒演唱水平影响程度等情况。根据歌师水平、文化程度及演唱影响指数的综合情况，评定歌师等级。对最高级别的歌师，身体健康、年富力强的，可入编聘为事业单位工作人员，将他们安置在县文化局或群众艺术馆、传习馆等部门，让他们专门从事侗歌的传承、培养、收集、整理、研究等工作。

中级歌师可纳入村干部的编制里，每月享受政府给村干部几百元的误工补贴。村干歌师的岗位职责是负责本村寨文体娱乐活动的组织、排演和各种民俗活动的组织工作，侗歌的传授工作。村干歌师能够脱产或半脱产地传授侗歌，组织本村侗歌队参加各种民俗、节庆活动的侗歌表演。这样能活跃本村寨的文体活动，使侗歌通过这些活动得到更好地传承发展。

给歌师评定等级，将歌师纳入国家事业编和村干编制，一是为了提高歌师的社会地位，增强他们的荣誉感和自信心；二是为了保障他们有一定的经济收入，解决歌师的生活困难问题，使他们毫无后顾之忧地进行侗歌的传授、演唱等活动。这样既能使流失的歌师回流，又使一些喜爱侗歌的年青人，看到歌师职业有一定的发展前景和上升空间，有较高的社会地位，愿意投身这一工作，终身以歌师为职业，这样侗歌传承发展才会后继有人。

2.建立侗歌传习馆。现在许多地方都建立了具有本地或本民族文化特色的传习馆。侗歌传习馆可以有两种方案：一种由政府出资建立，主要负责侗歌（包括河歌在内）的传授、研究以及收集、整理、出版等工作。传习馆既是侗歌的教育机构，又是侗歌的表演、研究机构。其教师和研究人员应招聘当地高级别的有一定文化程度的歌师担任。这样使一些高水平的歌师由业余的、民间的，变为专业的，政府的。让歌师纳入国家事业编制，由国家发工资。

另一种方案是将传习馆建设成为企业性质。在国家经费不足的情况下，由经营文化公司的企业投钱建立传习馆。传习馆按企业模式经营运作。在传习馆里建立侗歌表演队和培训班。表演队可以长期为侗族旅游景区的游客演唱侗歌，还可以在各种民俗节、文化艺术节上表演侗歌，使侗歌演唱保持常态化、经常化，也通过表演使传习馆得到比较稳定的经济收入。侗歌队可以演唱侗歌来录制光碟、录像出售；还可以参与各种广告的拍摄，通过多种演唱方式来增加收入。

传习馆培训班既为本馆培训侗歌歌手，也为其他地方的学校和演出队培训歌手。传习馆要向学员或招收其毕业生的单位及演出团体收取学费或培养费。传习馆要经常推荐其歌手或学生参加全国或省、市级的各种民歌的歌唱比赛。这样给他们的歌手一个更大的发展空间，也可以借此宣传侗歌传习馆，算是一种免费的广告。

传习馆的另一部分高级歌师可以有计划、有步骤地收录、整理、出版各种侗歌（包括河歌）的歌本。还可以联合各高校或研究机构的专业人士开展侗歌的研究工作。这样传习馆能够在经费上、人员上、时间上和质量上保证研究工作的有序开展。

小小的侗族河歌传承与发展的现状，折射出广西乃至全国民歌传承发展遇到的普遍困难和问题，如何解决它是各级政府和许多学者都在寻找与思考的问题。本文在此抛砖引玉，希望引起有关部门对民歌传承发展问题的重视，也希望专家学者各献良方妙计，为侗族民歌及各少数民族民歌的传承与发展找到更多更好的解决方案，使侗族及各民族民歌能够永久地传唱下去。

论广西民歌的传承与发展

——以侗族河歌的传承机制为例

/徐秀红/

[摘 要] 本文基于对河歌的三次田野调查,根据非物质文化遗产、民俗学、传播学等理论,对河歌现存的活态传承机制进行分析,从传承人、传承心理动机、传承场域、传承媒介、传承效果五个方面进行,归结出当下非物质文化遗产中的民歌文化传承与发展策略,并有针对性地展开分析论述,以保证传承中的全面性和原生态性。这给推动"文化广西"建设、实施文化立桂战略提供了理论依据与实践意义。

[关键词] 河歌 传承人 非物质文化遗产

侗族喜爱唱歌、善于唱歌,为了适应生活及社会实践的需要,产生了各种形式的侗歌。侗歌种类繁多,著名的侗歌样式在传统社会及现代化环境下都受到欢迎和赢得称赞。尤其以入选"人类非物质文化遗产代表作名录"的侗族大歌为标志的侗歌唱响全球后,侗歌艺术声名远播,侗族因此赢得了"一个东方音乐民族"的美称。相对有天籁之声美称的"大歌"来说,被称为侗歌艺术璀璨明珠的河歌属"小歌"种类。

河歌,是从侗语"嘎孖"意译而来的。侗语中"嘎"即歌,"孖"有河、江的意思,“嘎孖”意思为河边的歌(也被侗民称为河边情歌);又被侗族学者称为“细声歌”“流水歌”“河边歌”,流行于都柳江(侗语称“孖融”)两岸及其支流一带,是用南侗方言演唱的一种侗族民歌形式。河歌曲调轻柔如流水,适合轻歌慢唱,自由而抒情。唱河歌时无需伴奏,且要求对唱时体系完整,对歌有序。河歌艺术的传统演唱形式多样,有单人唱法、双人唱法、男女对唱法和两男两女对唱法等,形式不定。河歌的演唱场域多为男女青年行歌坐夜[①]走寨和赶坡会,用轻柔纤细的小嗓或假嗓歌唱,演唱的内容多为情歌,也有少量劳动歌。

2007 年,河歌被列入贵州省级非物质文化遗产保护名录,河歌曲目传承完整的龙额乡被国家文化部授予“侗族河歌文化艺术之乡”。近年龙额乡相关部门连年举办“河歌文化艺术节”以推动河歌的传承。笔者根据田野调查所得的资料,了解到河歌的地理分布不仅仅局限于贵州省的黔东南侗族地区,也沿着都柳江河的溶江河呈点状或带状分布;[②]在广西柳州市的三江县、融安县、融水县等侗族聚居地区也有不同程度的活态传承。根据对非物质文化遗产的了解,可知非遗申报不是申请专利,公约中规定申报非遗必须符合

---

① “行歌坐夜”习俗在侗乡人传统的生活中比较普遍,是一种集社交、恋爱、娱乐等多种功能于一体的社会习俗活动,主要活动内容就是男女对唱情歌。笔者根据手头的文献和田野调查采访的资料,了解到河歌与“行歌坐夜”习俗的重要关联。侗族人都把侗族河边情歌的整体结构和对歌顺序概括为:请开门歌组、敬老人歌组、“嘎松争哆歌组(相约唱歌)”歌组、盘诘歌组、情在远方歌组、春月歌组、玩山歌组、赞慕歌组、夜深了歌组、相恋歌组、私奔歌组、天亮了歌组、送别歌组。参见石峰:《侗族河边情歌特点及月堂对歌考察评述》,见黎平县政协编《社会主义新农村建设与文化遗产保护论文集》2008 年第 3 期。

② 石峰:《侗族河边情歌特点及月堂对歌考察述评》,见黎平县政协编《社会主义新农村建设与文化遗产保护论文集》2008 年第 3 期,第 190—201 页。

活态遗产的价值性，不能把非遗当成专利。非遗保护具有人类文化遗产多样性的共享性，一旦这个文化被评为非遗，则具有非遗的共享性，在一定的条件下可不受限制地被广泛推广。河歌的传承研究，非物质遗产保护，与广西打造文化核心竞争力有着密切关系，是实施文化立桂战略，建设文化广西的需要。

本文基于对河歌的三次田野调查，根据非物质文化遗产、民俗学、传播学等理论对河歌现存的活态传承要素进行分析，包括传承人（受众）、传承场域、传承媒介、传承动机（传与受的心理动机）、传承效果五个要素，以探索当下民歌传承与发展的策略。在经济全球化背景下，为如何推动“文化广西”建设，实施“文化立桂”战略提供理论依据与实践价值。学界对河歌的研究还只局限于其概念、分布及歌本搜集的领域，对河歌文化分析及传承现状研究较少。且根据调查，目前关于侗族河歌传承的相关措施还不健全，在保护的过程中不能全面地进行指导。本文研究的出发点正是基于对侗族河歌在侗族地区的传承现状中的不足，寻找民歌传承的出路。

一、传承人

狭义上的河歌传承人有歌师与歌手。但是从广义上来说，歌手或歌师（演唱者）、社区性表演和观众是传承场域中的三个核心要素。这三个要素互相依存。没有观众，演唱者不为演唱者，其表演也是自娱自乐。而没有了演唱者及其表演，观众失去了“观”的对象，也不应为观众。所以广义上的传承人应把社区性表演场域里的观众包含在其中。但是，在实际应用中，传承人多以狭义为主。在具体的河歌传承活动中，表演者或演唱者即为河歌艺术的传承人，他（她）们是河歌艺术的创造者；而传承活动中的观众即为河歌艺术的承担者。

采访得知的河歌艺术传承人特点：无论是河歌的传唱表演者还是观众，其年龄均在30岁以上，30岁以下多外出打工。从职业看，村寨里的30岁以上的传承人大都从事农业、林业或商业工作；而城镇的传承人多为中年的侗歌爱好者，从事职业多样。

二、传承动机

根据笔者的三次田野调查，河歌传统的传承方式以师徒传承、家庭传承、社会传承为主。根据访谈资料，师徒传承的心理机制有两个。一个是“幕才，崇尚才智”的心理追求。在侗族人心中，会唱歌代表智慧，谁唱的歌内容好，语言生动、顺口押韵、又传情达意，谁就受公众喜爱。通晓侗歌常识，能触景生情、即兴而作、随感而歌的歌师更受侗民敬佩。另外，侗族人民追求自由心境的审美心态，寻求诗意化生存的心理动机。如“饭养身来，歌养心”的歌论。[①] 一些有天赋的歌手，出于对河歌艺术的兴趣去拜师，专门从事河歌演唱与创编，进而于无形中传承了无私的歌师精神。而家庭传承的动机则较为被动，是由于家庭文化氛围的熏陶。社会传承的动机则较浅，源于当地“以歌为媒”的恋爱风俗。过去，很多青年男女从小就懂得哪个人能唱好歌，代表着这个人有才智，就能讨到漂亮姑娘的欢心或意中郎的青睐。所以很多青年都愿意去有名的歌师那里学

---

① 朱慧珍、张泽忠等：《诗意的生存——侗族生态文化审美论纲》，北京：民族出版社，2005年。

习唱歌。社会传承的作用是熏陶和培养大批欣赏河歌艺术的听众。

三、传承场域

在调查中得知,过去河歌传承场域多为传统的日常生活习俗和节日习俗的场所,融于群体交往以及恋爱为目的的民俗活动中。但随着经济全球化的到来,在现代化语境下,河歌传承场域出现了创生性的新模式。

第一,日常习俗中的河歌传承。日常生活中总会有走亲访友的社会交际活动,如走寨①、“月也”②、月堂(侗区青年男女对歌或约会的场所)里的行歌坐夜习俗;另外还有人生礼仪习俗:婚礼和丧葬的仪式当中,都会有侗族歌手演唱河歌。这种传统习俗中的河歌演唱都具有社会功能性质,表演或演唱时都讲究较为严格的结构法则,要求对歌体系完整,对歌有序。

第二,节日中的“河歌”传承。如贵州黎平县龙额乡每年的春社节是村寨的节日,会有广西三江同乐高定的客人来集体做客“吃相思”,此节日的主要活动就是行歌坐夜。另外,独峒坡会节中也有对

① 走寨在侗语中又叫吵“勉美”,指某个村寨有外寨的姑娘来做客时,客人住在谁家,本寨的男青年会来到这家跟姑娘们对唱河歌。采用问答的形式,这种对歌形式采取淘汰制,比赛歌才与智慧。这种社交习俗有社交功能,增进寨与寨之间的友谊。有的还因吵“勉美”而加深感情,最终结为伴侣。河歌的内容多以爱情为主。

② “月也”即集体做客,是盛行于侗族地区的民族风俗,侗族好客,喜欢“月也”的古风在这地区比较盛行。“月也”是带有结盟性的村寨之间的交往,有青年们相邀走访的社交活动;有节庆性的互相祝贺,如花桥、鼓楼落成或修饰,通水、通路、通电等公益性庆典,春节、坡会节的娱乐社交活动。“月也”是以歌会友、以歌结情,增进友谊的活动,整个过程几乎都是在唱歌。“月也”多在节庆期间举行。

歌。每年的九月十五是三江侗族自治县独峒乡唐朝寨的坡会节。①

根据采访得知,在南部侗族方言区的部分地区,中秋节后有过坡会节的习俗,过去是侗乡每年棉花丰收、青年男女上山赶坡采摘棉花的时节。一个村寨都有一个固定的坡会节,每年的这个日子,相邻村寨的青年男女都会聚集到这个寨子的棉坡,一边采摘棉花一边对歌。由于在劳动中,眼睛和双手是闲不下来的,所以只能耳听嘴唱。这个时候的歌曲均是无伴奏的河歌或山歌。坡会节期间主要的活动是娱乐,如芦笙舞、耶歌、斗牛、看侗戏、河歌对唱等文娱活动。

第三,市场传承模式与文化创意产业:作为经济行为的“河歌”传承。如三江古宜镇鸟巢剧场的大型实景演出“坐夜”节目,就是在市场与政府双向作用下形成的。该剧场是由侗族工匠们运用侗族独特的传统建筑技术设计制作的大型单体木质结构圆形建筑。龙额乡的河歌艺术节,以及鸟巢剧场,都将河歌当作一种宝贵的文化旅游资源,这是河歌传承场域的创新性发展。

有关“坐夜”的大型实景演出,是以河歌艺术为文化资源而开发起来的具有侗族特色的文化产业。这些新型的传承模式为推动当地经济和民族文化品牌的形成与传播起到了重要作用。但是,这种创生性模式下的传承虽具备了活态,却很难保证原生态。

由于人的传承具有活态的变化性,目前国家提倡生产性保护。生产性保护是指非遗项目通过生产过程得到活态保护和发展。它

① 坡会节在侗乡又被侗乡人称为“赶坡会”。这个坡会节在独峒乡地区较其他地区更盛行,只不过坡会节是村寨的节日,乡内各个村寨举行的坡会节具体时间不同。今年农历九月十五笔者有幸参加了唐朝寨的坡会节,并参与观察了整个坡会节的流程,其中对“河歌”对唱也进行了现场观察、采访与表演的录制。

的重点和核心是保护不是生产。很多人不理解保护概念，混淆了开发利用商业化市场与“创新创意”的区别，而滥用创新创意，造成过度开发，反而破坏了保护。

如此看来，壮族刘三姐山歌与侗族坐夜习俗的河歌都是原生态的民族文化，属于非物质文化遗产。但是，桂林的《印象·刘三姐》与三江鸟巢的《坐夜》都是文化精英们根据原生态的文化创造出来的、推动经济与旅游发展的商品，属于创意文化产业（三江“鸟巢”是三江侗族自治县打造“侗城”的一个主要项目，主要目的是以创意的文化发展当地旅游，吸引投资，发展经济，宣传侗族文化。其演员也不是原生态的民歌传承人，多为招聘来的青年演员）；前者受保护，后者被鼓励而不受保护。因此，作为保护者在传承中要清楚保护的对象是原生态的文化，而不是根据原生态的文化创造出来的创意文化产业。

第四，民间戏班和侗歌业余爱好者们的传承。三江很多村寨都有自发成立的民间戏班，在三江县城也有自发成立的“侗族大歌队”；他们不定时举办侗族文化活动，创造侗族艺术爱好者学习交流的机会，也促进了河歌艺术的传承。

笔者采访得知，在过去传统的侗族社会，演唱河歌的主要功能是婚恋与村寨间的社交功能，几乎每位侗人都会唱几句河歌。过去除了在节日和待客时演唱，在坐夜或劳作时也会唱，所以这种民间歌队是没有的。但是民间戏班在传统社会很多，主要在节庆时演唱侗戏。现在由于侗族民间会演唱侗歌的人越来越少，而且年龄也趋于老化，民间歌队出于传承民族文化的责任，组织成立民间戏班，既练习侗歌也表演侗戏，他们经常被邀请到外地演出，已经形成一个积极的有影响力的民族文化传承团体。

第五,校园传承模式与口传非物质文化遗产的保护与创生。在湖南通道的部分侗族地区,开始试行侗歌进课堂的教育试点,将侗歌的学习搬到校园。但是根据目前了解到的情况,授课老师的工资低,学生及家长们重于升学的观念等因素,影响了传承效果。贵州黎平县的龙额乡每年二月的春社节的河歌文化艺术节是歌谣类非物质文化遗产保护的一个成功案例。龙额乡将河歌艺术节与传统的春社节结合,追溯传统上村寨间的走寨习俗,再次展现河歌的婚恋及社交功能,这种跨区域的村寨间的社交活动,对于发展农村文化,展示新农村的精神风貌仍具有进步意义。同时在节日期间,来自各个河歌分布区的歌手互相切磋歌艺,促进了河歌艺术的传承与发展。

四、传承模式

河歌艺术传承类型分类:

第一,根据河歌艺术文本在传承活动中所运用的媒介类型,可分为口传模式、物质模式和网络模式。口传模式是以口传为载体的非实物文化传承,如家庭的口传心授的师承模式和社区表演模式;物质模式包括以汉字记录河歌艺术为载体的物质文本,也包括相关的文物古迹载体,如鼓楼、廊桥、图文碑刻;网络模式是大众传播和互联网时代的新模式,是一种特殊模式,结合了口传模式和物质模式,却又与它们相互区别。

第二,河歌根据其传承发展的历史可划分为传统的传承模式和创生性的传承模式。传统的传承模式,既包括河歌在日常习俗与节日习俗中社区性的表演,也包括在师徒关系中的河歌习得过程。

在调查中发现，虽然河歌作为一种文化现象受到了关注，并在传承人和政府的努力下搬上了舞台，但是河歌传承整体上的效果不容乐观，河歌传统的传承现状急需侗族民众重视。由于改革开放和经济全球一体化的影响，侗族地区的社会政治和经济状况发生改变。在农村青年人口不断向城市迁移的现状下，南侗族人的生产生活不再绝对地依赖自然；而面对坚守故土，依然生活在大山深处的侗人来说，由于交通的发展，村寨不再闭塞，与外来人、文化交流频繁，接受现代文明可享受到更便捷的生活方式。影响河歌传统传承方式更为主要的是经济全球化加速了各地区民族文化的趋同化。再有，信息时代下大众媒介影响本地传统的娱乐方式。由于电视机、VCD 等先进娱乐媒体的介入，南侗族的人们的娱乐方式也变得多样化。年轻人接受现代观念，其恋爱观念也不再因循守旧，他们不愿苦心于河歌的练习。青年一代在河歌传承上出现断层。这些因素让河歌传统的传承模式面临困境。在经济全球化、信息化的语境下，河歌艺术传统的传播空间正在缩小，河歌娱乐和社交的社会功能正在失去意义，侗族传统节日与习俗的神圣性功能正在被人淡化，世俗性逐渐显现。

另外，在传统的传承空间缩小的同时，我们也应看到河歌传承的创生性衍化与传承模式在经济一体化时代下产生了多维建构。如前面所说河歌艺术的创新性传承模式。

第三，从传播学角度看，河歌的传承场域是一个信息传播过程。在此过程中包含了多种形式的信息传播，既有人内传播、人际传播，也有组织传播和群体传播。

人内传播指的是从传承人的角度出发，传承主体在表演或欣赏河歌活动的认知过程中的一系列内在活动，包括感觉、知觉、记忆、思维、言语和想象等内容。人际传播则指的是在两个或两个以上的河歌传承人之间进行的面对面的或凭借简单媒介如电话、书信等非大众传播媒介的信息交流活动。所谓组织传播，是指某个民间戏班或“侗族大歌”队等组织凭借组织和系统的力量所进行的有组织、有领导、有秩序、有目的的河歌传播活动。“组织传播的主体是组织，但其传播对象就比较复杂，可以是组织内的个人和群体，也可以是其他组织和组织之外的特定公众或者更广泛的大众。如果对象是广大大众，则组织传播活动可以采用大众传播的形态。”[①]群体传播指的是在族群社区的河歌表演活动中，演唱者与观众之间进行信息互动的传播类型。这种类型比较普遍，且这个传播模式也比较复杂，包含众多的传播因素。

传播学理论给我们最大的一个启示是，关注文化传承，不仅要注重传承人的保护，还要注重培养广泛的受众！

五、传承效果

传承效果针对的是传承行为的最终结果与预期目标的吻合程度。这里的效果分为短期效果和长期效果，即传承在短期内所显现的效果或在长期的传承中表现的效果。

效果研究是一个非常复杂的研究。根据系统论，社会是一个复杂的有机体，把社会看作一个系统，那么这个系统由许多个子系统构成，且各个子系统又由更多的下属子系统构成。根据人类目前的科学条件，我们无法在真实的社会环境中去掌控我们的行为效果，

① 郭庆光：《传播学教程》，北京：中国人民大学出版社，1999 年。

所以效果研究既不能像实证主义那样将其置于一个真空环境中去任人摆布，亦不能完全置于社会中去把握效果。

对于民歌传承的效果研究，我们可根据河歌的传承现状来看。以贵州黎平县的龙额乡为例，自2007年始至今，该乡已经连续举办五届河歌文化艺术节，对侗族河歌文化起到了很好的宣传作用，但是，对河歌传承的鼓励却没有明显的成效。如很多年轻的侗民都知道河歌是文化，是他们民族的宝贝；但是鉴于每个年龄段所面临的问题各不相同，如中学生面临学习问题，青年人要为生计外出打工，真正爱好音乐的更倾向于流行音乐等，真正掌握了解河歌的只有那些年龄较大的歌师、歌手，年龄集中在30岁以上的中老年人群，这样的情况让人不得不担忧。

另一个传承效果，在于对民歌原生态“度”的掌握。政府的文化部门作为非遗保护工作的主导，如何开展保护工作，去引导保护工作的主体（非遗传承的主体是社区和群众）？除了以上分析的要重视文化、肯定有正面价值和正确导向文化外，还要加强宣传，扶持、鼓励非遗的保护与发展，更重要的是要进行效果评估。效果评估的一个衡量标准就是它是否保持了侗族文化的内涵和侗族的文化元素，即是否符合原生态：只有区分了原生态的非遗与创意的文化产业，才能确保创新性的保护方式，才能把握住原生态与活态传承的“度”。

通过分析河歌传承机制，可知民歌的传承是一个有机的系统。对非物质遗产的民歌进行保护与传承，可从以上各个部分有针对性地展开，以保证传承中的全面性，保障民歌传承的原生态性。

第一，在传承人上，既要注重一般性传承人的培养，包括歌手和欣赏民歌艺术的受众；也需要非物遗的代表性传承人在享受权利的同时履行代表性传承人的义务，去推广技艺与教授学徒。

第二，传承媒介在传承中的主要作用就是对外的宣传、传播。传媒负有尊重社区民众情感，存续地方文化传统的职责。以媒体的力量去唤醒民族文化的持有者保护本民族文化的自觉性，激发社区人民对社区文化的情感，以确保文化“持有人”在文化保护与传承中的主体地位。

第三，传承的心理动机，即非遗保护中的情感问题。这不仅需要传媒的努力，也需要学界对民族民歌丰富的文化内涵的研究，以寻找历史的情感、现实的意义、社会价值、审美意识等，加深社区民众对文化的了解与情感，并将情感的动机化为保护的具体行动。

第四，传承场域一般是指具体的民歌演唱时的时间与空间的结合。在表演场域中，歌手的表演是依环境而即兴的，这种即兴很大程度上取决于观众与表演者和环境之间的互动。原生态的民歌演唱环境中最大程度的互动，莫过于受众对歌词能够无障碍的理解，并与表演者之间的及时沟通。这就需要针对“外文化”观众做好解说，使其对相关文化有所了解，以便更好地欣赏原生态民歌艺术。

第五，传承效果即文化产业与文化事业的平衡，即民歌艺术是否保留了原生态的活态传承。对民歌原生态“度”的掌握，政府的文化部门作为非遗保护工作的主导，除了要重视文化、肯定有正面价值和正确导向，还要对传承效果进行定期评估。效果评估的一个衡量标准就是是否符合原生态：区分原生态的非遗与创意文化产业，确保创新性的保护方式，把握原生态与活态传承的“度”。

综上所述，本文根据非物质文化遗产、民俗学、传播学等理论对河歌现存的活态传承要素进行分析，包括传承人（受众）、传承场域、传承媒介、传承动机(传与受的心理动机)、传承效果五个要素,并围绕这五个要素分别总结出当下民歌传承与发展的策略。以求在经济全球化时代,更好地推动“文化广西”建设,为实施“文化立桂”战略决策提供理论依据与实践意义。

低碳经济视域下的广西北部湾渔村文化旅游新构想
——以涠洲岛、京族三岛为例

/杨宁宁　王　颖/

[**摘　要**]　低碳经济是在保护生态环境的前提下提出来的绿色经济发展模式,要求人们在发展的同时兼顾到碳元素的排放量。广西北部湾的涠洲岛与京族三岛属于以渔业文明为主的文化圈,在今后的文化建设与旅游开发中,应该充分考虑到低碳经济发展模式的要求,力求在保留和展现当地民族风情及历史文化特点的同时,兼顾到生态自然的平衡,使当地经济、文化、生态能够和谐统一地保持可持续发展。

[**关键词**]　低碳经济　渔村文化　生态　旅游

经济全球化时代,随着对资源的过度开发使用,全球变暖及气候的异常变化越来越严重,人们对于生态自然的关注也越来越强烈。在保证发展的前提下,为保护生态环境,人们提出了"低碳经济"发展的概念。如今"低碳"理念已渗入到人们生活的方方面面,甚至旅游业,也掀起了"低碳旅游"的热潮。基于这样一种社会、人文环境,以旅游业为主要经济支柱的地区,在今后的建设与发展中,应立足于低碳、绿色、环保、生态,这样才能在倡导生态和谐的全球化社会长久生存。

广西北部湾的涠洲岛和京族三岛濒临大海，历来以渔业为主，自20世纪90年代依托旅游业逐渐发展起来。在人们物质生活水平日渐提高、精神需求不断增长的全球化时代，依托旅游业来带动民族文化的传承与发展是最有效也最可行的方式，如何在发展经济的同时不忽略文化的传承，是依托文化发展旅游的民族聚居地区最应该重视和考虑的问题。当前人们对环境、旅游、文化等问题都有了新的认识与态度，为适应必将走向主流的低碳经济模式和人们旅游心理需求的新变化，结合广西北部湾渔业文明的独特性，建设新型的、低碳的、民族的旅游胜地，还原渔村文化的本质风貌，再现本地居民的民族风情，对当地旅游业的发展及民族文化的传承，都有重要的现实意义。

一、低碳经济基本概念与当前人们旅游出行的新趋势

低碳经济(Low-carbon Economy)概念起源于英国，美国、韩国、日本等国家也都有与之对应的相关称呼，在中国“目前也有‘低碳经济’、‘低碳城市’、‘低碳发展’、‘生态与低碳’、‘低碳开发园区’等提法”①。对低碳的理解目前主要有三种：“一是温室气体排放的增长速度小于国内生产总值的增长速度；二是零排放；三是绝对排放量的减少。”②当然，无论是哪种情况，发展低碳经济的前提都是保证发展，它“是一个与环境、生态系统、可持续发展息息相关的范

① 薛进军：《低碳经济学》，北京：社会科学文献出版社，2011年，第6页。

② 雷鹏：《低碳经济发展模式论》，上海：上海交通大学出版社，2011年，第1页。

畴”[1]。因此,低碳经济理论模式的运行涉及生活的方方面面,任何一种经济、生态、文化范畴内的事物都应该适应并接受这一理念。

“低碳旅游”就是基于“低碳经济”发展模式而提出的绿色、环保、生态、低碳的旅游理念,指的是在出行过程中同时兼顾到降低碳排放量的一种旅游模式。随着人们对生态环境的日益关注、环境保护意识的不断提高,这种考虑“碳足迹”的新型环保的出行也将成为未来最受推崇并能成为主流的新时代旅游模式。而今,信息时代,网络技术在方便我们生活、工作的同时,也越来越明显地表现出了它的弊端和对人类生活的不良影响。人们在被种类齐全、功能多样的网络通信工具的包围中,越来越希望能够暂时走出这种已经侵蚀、渗透到生活方方面面的网络异化怪圈,也越来越渴望多走向户外接触大自然、关爱身边人。在这样一个时代大背景下,作为承载旅游目的的观光地区,更应该认清形势、抓住潮流,建设符合时代及人们心理需求的特色旅游文化区,从而引领旅游朝着更环保、绿色、生态的方向前进。在这一点上,具有原生态风土民情、深厚的文化内蕴和秀美的自然风光的广西北部湾涠洲岛及京族三岛,有着得天独厚的优势条件。

二、涠洲岛与京族三岛所具优势及渔村文化旅游开发现状

(一)自然与历史人文资源优势

涠洲岛和京族三岛地理位置濒临海域,形成了与大陆农业文明

---

① 杨志、张欣潮、贾利军等:《生态资本与低碳经济》,北京:中国财政经济出版社,2011年,第11页。

截然不同的海洋文化，有着得天独厚的自然风光和独具特色的渔业文明形态，自然与历史人文资源丰富，具有不可替代的旅游优势。

北海涠洲岛是我国广西北部湾地区最大的岛屿，也是中国最大最年轻的古火山岛，位于广西北海市正南 21 海里，距北海市区 36 海里，岛上常住居民 1.6 万多人，75%以上是客家人①。其旅游资源相当丰富："自然资源有海岸景观、火山景观、生物景观和气候资源四大类，人文资源有天主教堂、圣母堂、三婆庙、烈士纪念碑、鳄鱼灯塔、海岛民俗民居等等。"②岛上居民虽以客家人为主，全民信教，但却呈现多元文化和谐共存的现象，最显著的便是宗教信仰方面，天主教、佛教、妈祖信仰并存。岛上自然风光优美，民风淳朴，故有"大蓬莱"仙岛之称。

历史文化内蕴丰富与深厚是涠洲岛文化旅游的又一优势。首先，从居民构成来说，"自明、清海禁解除以来，我国两广沿海等地居民前来定居垦耕，后来发展成为远近闻名的客家人聚居地"③。明代洪武年间，合浦一带的居民首次迁徙来到涠洲岛；后在清朝咸丰时期，广东、福建两地的客家人与当地土著发生较大的宗族纠纷，一批陈、李、黄、江等姓氏的居民逃到涠洲岛定居下来；同治时期法国传教士的到来，也带来了 1000 多名流离失所的广东客家人。这些数量庞大的客家人口的迁入，"稳定了涠洲岛的客家文化体系，客家

---

① 中国涠洲岛官网，网址：http://www.cnwzd.com，浏览时间：2013 年 11 月 20 日。

② 岑博雄：《北海涠洲岛生态旅游开发的基本思路》，《旅游学刊》2003 年第 2 期。

③ 彭静：《海岛旅游开发的社会文化影响研究：以广西涠洲岛为例》，《旅游论坛》2012 年第 5 期。

人成为岛上的主体族群，客家文化也成为涠洲岛的主导文化”[①]。其次，清朝同治年间，法国神父来到涠洲岛，开始在岛上传播天主教文化，建立了天主教堂，逐渐形成并发展出岛上三大宗教信仰文化之一的天主教文化群。天主教势力在岛上的迅速壮大，使涠洲岛成为清朝末期北部湾地区最重要的传教圣地。岛上有一朝圣基地，即1882 年建成的圣母堂，是一座典型的欧洲乡村哥特式小教堂。当然，保护海员、船工、渔民的妈祖，自然也被涠洲岛居民信奉、崇拜，构成当地宗教信仰的又一主要支脉。比如，岛上的三婆庙建于乾隆年间，关于三婆的传说也是脍炙人口。三婆又称天后，她有两个姐姐，分别在福建和澳门，而三婆就在涠洲岛上，她经常帮助海上遇难的船工及渔民，是人们心中的活菩萨。她死后，人们为了纪念她，就为她建了三婆庙。另外，明代末期著名的戏曲作家汤显祖，在被贬谪赴任徐闻县典史时曾路过涠洲岛，被岛上别致的风光吸引，作下《阳江避热入海，至涠洲，夜看珠池作，寄郭廉州》诗篇，盛赞涠洲岛景色优美，为涠洲岛的历史人文留下了辉煌的一笔，由此我们也可以了解，早在明朝涠洲岛就是一个人群聚居的地方。值得一提的是，在抗日战争时期，涠洲岛人民也为祖国的解放贡献了力量。《广西通志 · 军事志》记载：“1939 年 1 月初，日军第二次侵占涠洲岛后，修筑航空基地长期盘踞。1945 年夏，驻涠洲岛的日本军大部他调，仅留数十名日伪军驻守。6 月初，海口日本军司令部电令驻涠洲岛日本军撤往海南岛，行前杀尽岛民。台湾籍士兵获悉，即与岛上渔民共商起事，联合奇袭日本军九个据点，全歼岛上日军 20 多

---

① 彭静：《北部湾涠洲岛地名文化研究》，《广西师范大学学报》2012 年第 3 期。

人，缴获汽车 2 辆、机帆船 1 艘、轻重机枪 6 挺、高射机枪 2 挺、长短枪 20 多支。起义胜利后，成立涠洲岛抗日守岛自卫队，坚持到抗战胜利。”丰厚的历史底蕴是涠洲岛文化的重要组成部分，也是开发和建设文化旅游的优势资源。

与多元文化和谐共存的涠洲岛不同，京族三岛呈现的是单一文化现象。京族三岛由万尾、巫头、山心三个小岛组成，属广西防城港市下辖的东兴市江平镇，是我国京族的唯一聚居地。京族是我国唯一的海滨渔业民族和海洋民族，也是我国南方最少的少数民族之一。京族祖先从越南涂山（今海防市附近）迁徙过来，在此定居将近 500 年。历史上京族人民曾多次和汉、壮等民族联合进行反帝反封建斗争。中法战争时，京族人民参加刘永福的“黑旗军”进行反法斗争；第一次国内革命战争、抗日战争、解放战争期间，京族人民积极参加反帝反封斗争、抗日斗争和解放战争，为新中国建立做出了卓越贡献。

哈节是京族文化的代表，“既是京族最隆重的最热闹的民族节日，又是京族人民一年一度的以‘敬圣神、庆丰收、求平安、传文化’为主要内容的盛大活动，富有京族传统文化特点”①。京族文学内容丰富，种类多样，有歌谣、谚语、历史传说、神话故事等。像《琴仙》《忆万尾京族史》《京族英雄杜光辉》《镇海大王故事》等京族史诗，记载了京族的历史，展现了京族历史上的海洋文化精神及其生存哲学。独弦琴是京族最独特最具魅力的弹弦乐器，它的发音与京族民歌音调极为相似，装饰音又富有吟唱般的韵味，琴声悠远、淳厚、绵

① 黄炅：《京族文化与特色旅游经济融合发展》，《合作经济与科技》2011 年第 10 期。

长，所以在为民歌伴奏时，琴声歌声交融一体。2010 年京族独弦琴已经入选“国家非物质文化遗产名录”，成为传统音乐项目类别的非物质文化遗产。“京族地区树木茂密，村屯周边种植有许多竹子，海边随处可见贝壳、海螺，这就为这一地区的木、竹编及珠贝工艺提供丰足的原材料支持”①，特定的地理环境为京族的民间工艺提供了良好的条件，人们利用天然的海产品制作了丰富多彩的工艺品。

京族服饰独特优美，京族妇女的长袍，上身束腰，突出身段，使女子显得婀娜多姿，下摆舒展，开叉至腰际，下配黑色或白色的宽腿拖地长裤，活动方便。京族传统民居和饮食都很有特点，民居多为石条瓦房，外墙砌石条，房顶盖琉璃泥瓦，屋脊与瓦行间都压着小石条以抵御海风。传统饮食以大米为主，红薯、芋头为杂食，喜欢鱼、虾、蟹、鱼汁及糯米制品，爱吃糖食，京族最有特色的食品是鲶汁及用大米做成的“米乙”。

京族渔业活动方式多样，仅捕鱼工具就有拉网、塞网、渔箔、刺网、鲨鱼网、墨鱼网、海蜇网、南虾网、鲎网等多种，还有近海作业的挖沙虫、耙螺、挖泥丁、捉蟹等活动。这些渔具和生产方式，不仅能够使渔民捕获更多的鱼虾、贝类，也丰富了京族的渔业文化和文明，这些成为京族三岛必不可少的人文旅游资源优势，值得游客体验、了解和传播。

京族三岛自然风景优美，环绕三岛的海滨沙滩长达 13 公里，沙质细软金黄，素有“金滩”的美誉，海水沙滩、树木鹤群，构成三岛风景怡人的天然海滨风光。最具特色的是，在这片金色的沙滩上，清

① 陈丽琴：《京族民间文艺与自然生态》，《钦州学院学报》2012 年第 2 期。

晨可以迎来东方日出，傍晚可以送走西边落日，是难得的集观看日出日落于一地的绝佳胜地。优美独特的自然风光，加上风格迥异的京族民风与民俗文化，使京族三岛成为一个集自然与人文双优势的旅游风景区。

（二）渔村文化旅游开发现状

广西北部湾地区涠洲岛和京族三岛的开发历来受到政府及专家学者的重视，相关方面的研究成果也有不少。现阶段的文化开发情况，有很多值得肯定的地方：涠洲岛地质博物馆的建立，向外界直观方便地介绍了当地独具特色的地质文化；“汤翁台”的建立，挖掘和丰富了文化内涵；京族三岛展示的渔民拉网捕鱼、金滩停泊的艘艘渔船，都透出浓浓的渔村文化的气息；开设的京族博物馆及京族生态博物馆，集中展现了京族文化；京族小学开设双语教学，并重视对京族青少年进行独弦琴等民族文化的教授与学习；京族三岛海产品的开发和工艺品的制作比较成熟；农家乐形态初具规模；等等。

以渔业文明为基础发展起来的涠洲岛与京族三岛，虽有着深厚多样的海洋文化形态，但在现今的旅游文化开发中，结合低碳旅游理念，两地在体现当地渔村文化特色方面的建设，还有许多有待改进的地方：如对当地历史文化的挖掘不够深入；体现渔村文化形态的建筑较少；当地居民对自己文化的认识缺乏归属感与认同感；涠洲岛、京族三岛海产品、纪念品的加工与开发较少；展现渔民生活常态的娱乐活动较少；等等。

三、渔村文化旅游建设新构想

"世界旅游组织认为,将近40%的旅游涉及遗产与文化"①,"许多旅游目的地都开始意识到宣传和销售其历史资源的潜力"②,涠洲岛与京族三岛有着秀美的自然景观、丰厚的文化遗产、独特的民俗风情等,在建设和开发旅游业时应该充分利用和保存这些文化资源,顺应时代潮流,把握旅游人群的消费心理,在注重生态环保的同时,建设和打造能够吸纳更多旅游人士观光度假的文化形态。从旅游开发与建设方面来说,与同是海洋文化形态的海南岛、鼓浪屿相比,涠洲岛和京族三岛在网络通讯设备、娱乐项目开发和交通工具便利度等方面都有着很大的差距。所以在未来的文化旅游建设定位上,政府和开发商应该充分结合当地历史、自然、人文资源特点,独辟蹊径、推陈出新、因地制宜地发展有别于其他景区现代化设备齐全的风格,建设成能够满足当前人们渴望走出电话、网络包围这种心理需求的低碳、环保、经济、原生态的渔村海岛文化。

(一)因地取材,充分利用优势资源

在低碳经济理念的指引下,建设渔村文化旅游,最重要的就是注重因地取材,充分利用当地优势资源,展现当地文化生活特点,保证生态、文化、旅游三者的同步发展。

第一,全方位深入挖掘历史和民族文化。涠洲岛与京族三岛历

---

① [英]戴伦·蒂莫西、斯蒂芬·博伊德:《遗产旅游》,程尽能译,北京:旅游教育出版社,2007年,第1页。

② 同上。

史文化深厚，民族文化丰富，但在遗产旅游资源的开发利用上，做得还不够深入充分。如关于涠洲岛和京族三岛人民曾起义救国的活动，只是在地方志上有记载，游客甚至当地的居民都很少了解这一段光辉伟大的历史。当地政府和开发商可以利用这段历史，为当时的农民起义树立纪念碑，开展英雄纪念活动等，丰富当地的文化旅游资源，也向游客展示出历史上涠洲岛和京族三岛的人民勇敢、顽强、不畏强暴的英勇品格。另外，涠洲岛上客家人和京族三岛上京族人民的历史迁移脉络，也可以疏通并通过直观的、可视听的方式向游客展现出来。在金滩上组织京族人民进行独弦琴演奏、歌舞表演等活动，丰富游客旅游体验的同时也可以传播民族文化。

第二，建筑风格上与渔业文明相吻合，从外观上直接体现渔村文化的特征。涠洲岛可以利用独特的火山石作为房屋建筑材料，事实上岛上有些居民住宅就是由火山石堆砌建筑而成的，材质独特，风格别致，与岛外的居民楼有着明显的不同。这种风格迥异的建筑，如若保持并普遍发展，则具有很高的旅游观光价值。京族“茅庐”似的传统民居也应该适当保留和重建，展示当地渔民的原始风情。另外，可以建筑独具特色的木屋、船屋等形式的房屋；在房屋装饰上，可以用丰富的海产品，如贝壳、海螺、鹅卵石等进行修饰，房屋外的道路、花园、菜园等也可借鉴房屋装饰风格，多用沙、石等带有海边风情的物品来修饰，既浪漫又贴近当地生活。

第三，丰富的水上娱乐活动的开发。涠洲岛与京族三岛濒临海域，可以利用地理位置优势开展水上娱乐活动，现阶段已经开发的有潜水、游艇等娱乐项目，未来应该继续加强这方面的开发，使其日渐成熟。但仅有这些还远远不够，应该在原有的这些项目上，再增加些新的、有活力的、能够和渔民生活风情结合起来的一些活动，如开展游客出海捕鱼(或出海观看捕鱼)、动手造船、织网、赶海等互动性强的活动。多数"旅游者们的终极目标是通过旅游获得美好的体验以及愉快的回忆"①,这种参与型娱乐项目可以使游客亲身经历和感受当地居民的生活,也使其在娱乐中体验到与自身平时生活的文化圈不同的异质文化,从而达到不同文化之间的交流与融合,寓教于乐中实现文化间的双向传播。

第四,更加注重强调农、渔家乐这种文化形态。涠洲岛与京族三岛绿色生态气息浓郁,居民与大自然有着最原始的亲密接触,能够满足城市游客渴望回归自然的旅游需求。因此,利用当地这种原生态环境优势,加大力度开发农家乐这种文化形态,势在必行。现阶段京族三岛这方面做得比较成熟,但还需要再多扩充一下农园范围,能够多一些游客自主捕鱼蟹的活动。涠洲岛上也有这方面的农家乐形式(如游客可以自己去市场买海鲜回来做饭等),但还不够全面深入,岛上香蕉、柚子、菠萝、杨桃、木瓜等亚热带水果丰富,尤其是香蕉的种植,成为岛上以种植业为生的居民最主要的收入来源。可以根据这些特点,开展游客参与摘水果活动,类似的生活体验游在一些大城市的郊区已有,具体措施可以借鉴,这样不仅能够丰富游客的娱乐生活,使其与当地人民其乐融融地共享农家温馨的快乐,也可以促进当地从事旅游业与种植业的居民形成相关的产业链,相互带动,增加经济收入。

以上措施,都是围绕当地地理与人文资源优势做出的因地制宜、就地取材的策略,在建设和打造其独特的文化旅游形态的同时,

---

① [英]戴伦·蒂莫西、斯蒂芬·博伊德:《遗产旅游》,程尽能译,北京:旅游教育出版社,2007年,第1页。

能够兼顾到生态及环保，既符合当地渔民的生活特点，也顺应当下要求低碳发展的经济理念。

（二）资源转化，变劣势为优势

建设低碳、经济、环保，又具有特色的渔村文化，除了要发挥利用当地优势资源，还应该懂得资源整合，变劣势为优势，打造别具一格又顺应时代及人们出行心理要求的独特风格。

涠洲岛与京族三岛作为尚未开发完全、有着巨大建设空间的环海岛屿，从娱乐设施及生活便捷度来说，都不及已经开发成熟的海南岛、鼓浪屿等海岛，与它们相比，涠洲岛目前在水电供应、网络通信、交通工具等方面都有着很大的欠缺和不便利。京族三岛因为已与陆地相连，开发得较早，网络、水电、交通都比涠洲岛健全，但相比其他海岛，还是有很多不足。这是不可回避的劣势条件，但转变一下战略，与当前出现的新型的旅游出行期待和要求相结合，就会发现，这些水电不足、网络不通等所谓的传统意义上的旅行缺点，其实是一种天然的优势资源。

首先，转变劣势条件为特点。以往的旅游景区建设，无论是都市古城里的人文景区，还是地处边远的自然景区，当地的旅游开发商都立足于打造国际化旅游度假区，周边的宾馆客栈小商店等都以提供免费无限 WIFI 为优势揽游客，这样的服务与设施和游客平日的生活常态并没有多少不同。随着人们渴望暂时摆脱网络、手机束缚的愿望日渐强烈，这些传统的旅游开发建设，已经变得不能满足人们的新要求。

针对涠洲岛、京族三岛网络通信设施不够完备健全的现状，可以转变以往的开发战略，在保证与外界正常交流的情况下，不再对网络进行大费周章的普及工作，让游客们在这里真正体验到“关掉手机、忘记网络、关爱亲朋、亲近自然”的绿色生活。作为一座海上孤岛，涠洲岛水电供应也存在不足，在旅游旺季游客增多时会出现断水断电的现象，而这，恰恰可以作为一种海岛文化特色。偶尔缺水断电情况的出现，让久居大都市的游客更切身地体会到水电的珍贵，增强节约水电的生态环保意识。整合资源，让这些传统意义上的不利条件转变成为文化特点，是涠洲岛和京族三岛今后旅游开发建设中值得推崇的战略方针。

其次，增加活动弥补不足。简单地放置网络通信设施和水电资源的短缺问题不理，可能会造成游客旅游活动的不尽兴。对此，增加一些有益身心的、能够展现当地文化风情的活动来弥补这些物质资源的不足，既能丰富游客的旅游体验，也能在低碳环保的旅游建设中保护生态平衡、发扬民族文化。

适时增加一些户外活动，引导游客多在户外与人交流、亲近自然。例如：在晚饭过后、天色渐暗的时刻，可以在海边沙滩上举行篝火晚会，吸引游客走出卧室，与家人朋友甚至有缘同聚一地的陌生游客，一起唱歌跳舞。当地居民可以利用这种活动向游客介绍自己的民族文化和民俗风情，游客也可以通过这种活动交友、娱乐、释压，同时了解和学习一些民族文化。除此之外，还有前文所提到的出海捕鱼、制造渔船等活动，以及傍晚退潮时开展抓螃蟹比赛等。这些户外海边团体活动的举行，既能够弥补资源设备的不足，又可以丰富游客的精神生活；生态上既低碳环保，文化上又促进交流，是低碳经济视域下最经济又健康的旅游方式，也必将能够得到游客的认同，成为一种旅游出行的新潮流。

值得一提的是，这种变不利为特色、转劣势为优势的海岛建设战略，是基于保证当地居民和游客基本生活需要的前提下进行的，不是完全的网络不通、水电不足，而是在低碳旅游的理念和人们出行心理需求的基础上，本着规避繁冗网络、节约水电资源的原则，向游客提供一个更原生态、更接近自然、更彰显风情的新型旅游度假区。

（三）引导当地居民学习了解自己的历史与文化

民族聚居区旅游文化的建设在考虑自然条件的同时也必须注重历史文化内涵的挖掘，传承和发展民族文化，是当地居民不可推卸的责任与使命。凭借旅游业带来大量游客的有利条件，向游客传播和介绍自己的历史文化，是传承和发展民族文化非常有效的方式和途径。对此，两岛居民必须充分认清这一形势，树立对自己历史文化的自信心，努力学习和了解本民族优秀的传统文化，在与游客的接触交流中，向他们展示和介绍自己的历史与文化。

当地政府及有关部门应该组织从事旅游业、服务行业的居民进行当地历史文化知识的系统学习，经常举办当地历史文化和民族文化知识的普及活动；对当地的青少年开设本地区、本民族历史文化知识课程；定期举行传统节日的祭祀及庆典活动；在旅游景区旁边设立当地历史文化和民族文化知识专栏，利用多媒体在景点附近播放有关当地民俗民风的视频资料，等等。通过这些措施，可以使当地居民对自己的历史文化有更系统深入的了解，也使游客能够多渠道地了解当地的历史文化和民风民俗，与当地居民的沟通交流更便利通畅。

经济信息全球化时代，人们对经济、生态、文化等都有了更深刻更理性的认识，如何平衡经济、生态、文化三者的关系，使其能够和谐有序发展，成为现今以及未来人们最关心的问题。北部湾渔村文化旅游的建设，应该站在这样一种全面、理性、前沿的角度，使经济、生态、文化与人们旅游出行的心理趋势最大限度地达成统一，在绿色、低碳、健康的环境中促进经济、生态、文化的全面可持续发展。

南宁中山路历史文化研究的意义、现状与策略

/廖　华/

［摘　要］　南宁中山路历史文化研究对于提升南宁品位形象，促进旅游事业，提高城市知名度，为中山路改造提供参考等方面具有积极意义。但是目前学界对南宁中山路历史发展、文化价值的研究不够深入。为了充分挖掘南宁中山路的人文底蕴，可通过整理现有资料、口述历史等方法进行深层次探讨。

［关键词］　南宁中山路　历史文化研究　思考　策略

由于城市发展的需要，南宁中山路正在被拆迁和改造。不少学者表达了对中山路未来发展的想法，但没有一篇论文是完整系统论述中山路历史变迁与文化内涵的。杨秀波在《近年来关于中山路的研究综述》中说："近年来对中山路的相关研究几乎都是从现代城市化、商业、建筑等方面对现在各城市中山路的研究，从历史学的角度来研究中山路的学术文章很少。"①对中山路历史文化关注不够，似乎是学界普遍存在的现象。有鉴于此，笔者对南宁中山路历史文化研究的意义、现状和策略提出一些思考，希望起到抛砖引玉的作用。

① 杨秀波：《近年来关于中山路的研究综述》，《高校社科动态》2010年第3期。

一、南宁中山路历史文化研究的意义

作为保存着较多传统风貌的街区,中山路见证了南宁千百年的发展历程,是南宁城市变迁的一面镜子。这条承载着众多历史和文化,有着几代人回忆的老街值得我们深入研究。笔者以为,研究中山路历史文化对南宁城市发展有着重要的意义,体现在如下四个方面:

第一,打造历史文化街区,提升城市品位形象。历史是城市的根,文化是城市的魂。没有历史的城市,是空虚浮躁的;没有文化的城市,是贫血干枯的。一座城市要实现持续协调发展,就要充分挖掘人文底蕴,整合文化资源。南宁有着丰富的历史文化资源,百年老街中山路就是其中代表之一。孙中山、邓小平、雷经天等历史名人曾在中山路一带从事政治活动;现今中山路 188 号历经昭忠祠、正谊书院、岭南法政学校、广西省第一妇女工读学校、邕宁县民众教育馆、南宁市总工会筹备委员会、市第四幼儿园等历史变迁,这些城市记忆使南宁中山路充满了历史感。此外,基督教堂、骑楼等古建筑遗迹,老友粉、卷筒粉、粉饺等传统美食则彰显了南宁中山路深厚的文化积淀。毋庸置疑,积极研究中山路,将之打造成历史文化街区,可提升南宁城市的品位,扩大城市的影响力。

第二,打造城市文化名片,促进旅游事业的发展。2009 年 7 月 23 日,由南宁市旅游局主办的"南宁城市旅游名片"评选活动评选出南宁十大城市旅游名片,分别为:中国绿城、中国-东盟博览会、南宁国际民歌艺术节、邕江、民族大道、青秀山、绣球、老友粉、城市包容性以及中山路夜市。作为南宁旅游的名片,中山路以餐饮文化著称。旅游和文化就像一对孪生姐妹，亲密无间。文化是旅游的源泉，旅游是文化发展的重要载体，没有旅游的文化欠缺活力，没有文化的旅游也少了韵味。可以说，历史文化越丰富越能吸引旅客。因此，对南宁中山路历史文化的研究，有助于开拓文化内容，提升旅游形象。笔者相信，随着研究的深入，南宁中山路包含的将不仅仅是美食文化、建筑文化和宗教文化。新发掘的文化将成为新的旅游资源，从而加快旅游产业的发展。

第三，塑造南宁中山路的独特性，以提高城市知名度。只有民族的，才是世界的；只有个性的，才是美的。具有民族特色的文化，不容易被世人所遗忘，就像《印象·刘三姐》。以孙中山先生名字命名的"中山路"，在地域分布上遍及全国各地。那么，南宁中山路的特色是什么？难道仅仅是美食？所以，我们要发掘中山路的历史文化，细细找寻她与众不同之处，然后利用大众传媒进行宣传。比如，"老友粉"名称的来历、"复记"等餐饮企业的创业史、老居民对中山路的回忆、市民在中山路发生的感人故事，都可以做成一个个生动的视频短片，让更多的人了解南宁中山路，了解红豆的故乡，中国的绿城。

第四，研究中山路历史文化，可为中山路的改造提供参考。南宁中山路很多旧房、危房存在安全隐患的问题，对其进行改造是必然的。但是历史街区的改造更新是一项复杂的工程，涉及诸多因素，包括如何保护文化遗产，传承历史信息的文脉。对南宁中山路来说，除了城市景观、商圈延续，街道的命名、骑楼和基督教堂的风格、老字号餐饮店等等都是改造过程中需要考虑的。如果有一份关于中山路历史文化详实的报告，作为规划设计中的参考，那么，传统文化与现代化的融合将在中山路得到更好的体现。可见，对南宁中山路历史文化的研究是必要的。

2007年度南宁市重点社科研究课题《建设历史文化名城，提升南宁文化品位的对策研究》认为，建设南宁历史文化名城要以“深入挖掘南宁文化的内涵与底蕴、加大力度保护南宁的历史文化遗产、做好南宁历史文化的开发利用工作、加强文化遗产保护的人才培养”①为工作思路。中山路无疑是体现南宁历史文化的重要内容，对其深入研究将有利于南宁城市的建设。

二、南宁中山路历史文化研究的现状

目前研究南宁中山路的学术论文不多，仅有梁冬平的《夹缝中的夜市——对南宁中山路的研究》(广西民族大学2007年硕士学位论文)，从人类学的角度研究中山路夜市的功能，并运用博弈理论分析民间和政府对中山路发展的看法，由此揭示中山路夜市的文化意义。论文认为中山路满足了人们基本的生活需要，经济、法律、教育体系的需要，以及释放压力的精神需要；中山路夜市的存废问题使政府、夜市小摊贩和民间舆论形成三股力量的博弈，博弈的结果是各方利益实现最大化，主流文化和传统文化达到和谐共存。② 这是专门针对中山路夜市文化进行研究的学术论文。除此之外，就是涉及中山路骑楼文化的论文，即黄振宁的《广西城市骑楼街区保护与改造——以南宁、梧州为主要例证》(华中科技大学2005年硕士学

---

① 南宁市社会科学院编：《咨询与决策：南宁市2007年度哲学社会科学重点课题研究成果选》，南宁：广西科学技术出版社，2008年，第301页。

② 梁冬平：《夹缝中的夜市——对南宁中山路的研究》，广西民族大学2007年硕士学位论文。

位论文），论述了南宁市骑楼街区产生和发展，认为具有南洋风格的南宁骑楼兴起于20世纪初，中山路、兴宁路、民生路和解放路都不约而同地选择了这样的建筑样式；骑楼“多为小型店铺与住宅的结合，呈‘下店上居’或‘前店后居’的功能布局”，楼上可做仓库、账房或住家之用，楼下的店面较为宽敞，便于空气流通，还可遮风挡雨，避免阳光直射。[①] 论文详细分析了骑楼的建筑特征，但是关于中山路骑楼兴建的具体时间，与广西其他地方的骑楼或者与广州的骑楼有何区别，则未见相关论述。

可以说，对南宁中山路的学术研究是十分薄弱的。关于南宁中山路历史文化的记载更多散见于地方志、史料和报刊，这些资料体现了如下特点：

第一，对南宁中山路的由来记载较为详细，可以概括如下：现中山路与南环路交口处，明清时期有一座城门，叫南门，是因城乡交易频繁，于明朝万历三十年（1602）所开辟的。南门正街，就是现在中山路北段，在明朝已是城内商业繁华区。1925年，孙中山病逝，为表纪念，南门正街命名为中山路。现在的中山路南段，也就是南门外，明清时期叫作马草街，是以行业命名的街道。1952年，南宁市政府将南门正街与马草街统一命名为中山路。此外，对于中山路教堂兴建历史也记载详实，大致如下：1906年，祁理扶在道救医院左侧（今中山路69号）开设一间传道堂。1926年，因经费困难，祁理扶将医院和传道堂无条件地交给英国圣经布道会，由英籍教士费贻福接收。1935年，传道堂被改建成有楼层的礼拜堂。

---

① 黄振宁：《广西城市骑楼街区保护与改造——以南宁、梧州为主要例证》，华中科技大学2005年硕士学位论文。

第二，对清末至二十世纪八十年代的南宁中山路有所涉及，但十分零散，没有进行整理和归纳。至于南宁中山路美食街形成的历史，李绿江在《百年窗口 府门口与中山路》中阐述如下：

> 大约在1935年，南宁第一个真正意义上的夜市形成了，地点就在民权路口、共和路口、兴宁路口和中山路口交界处，这个地方有当时的县政府和高级法院，属于“府衙之地”，所以民众便将此夜市称为“府门口夜市”。“府门口夜市”的中段南侧便是中山路，亦可以视为今日“中山路夜市”的前身。……南宁解放后，大批北方人士南下，南宁小吃一度有复苏的迹象，但仍难比当年的热闹。……改革开放后，南宁小吃重新火了起来，但此时府门口已不存在了，便“移步”到了中山路。①

这篇报道有助于我们了解改革开放前南宁的夜市，但是中山路变成美食街的大致时间、具体过程，则没有明确记载。正如梁冬平所说：“中山路夜市是从什么时候开始形成，怎样形成的，并没有官方的认定。”②

第三，南宁中山路的文化价值有待挖掘。巫冬华、卢靖《中山路一家人至今传承着扎制手工花灯的技艺》，报道了梁姓一家人制作传统花灯的手艺。③ 这是对中山路文化有力的探寻，但是类似记载毕竟很少，更多的是关于饮食、宗教和建筑。李绿江认为南宁人在

---

① 李绿江：《百年窗口 府门口与中山路》，《南宁日报》2008年5月29日。

② 梁冬平：《夹缝中的夜市——对南宁中山路的研究》，广西民族大学2007年硕士学位论文。

③ 巫冬华、卢靖：《中山路一家人至今传承着扎制手工花灯的技艺》，广西新闻网，网址：http://www.gxnews.com.cn/staticpages/20091004/newgx4ac8ac40-2319393.shtml，2009年10月4日。

中山路“留下了悲欢离合、酸甜苦辣、落魄与悲哀或光荣与梦想的足迹”。笔者深有同感。中山路的美食让人流连忘返,每当身心疲惫或朋友聚会时,我们总会想起她。或吃上一碗老友粉,一身大汗下来,感冒好些了,紧张压抑的情绪舒缓了;或与亲朋好友开怀畅饮,高谈阔论,一天的阴霾烟消云散;或到“冰神”慢慢品尝爽滑鲜美的甜品,想想曾经拥有的美好时光,有一种甜到入心的感觉。有时候,在人潮汹涌的中山路,还会遇到生意的伙伴,生活的知音,人生的贵人,多年失去联络的同学,甚至一生的伴侣,所以那里有着一段情、一份感动、一缕牵挂和一种幸福。对于中山路老居民来说,那里还有他们创业的故事。从一个小小的店面,成为老字号,成为全省或全国的连锁店,挥汗如雨的艰辛,收获成果的喜悦都是他们永远的追忆和怀念。对于在外打拼的游子来说,中山路有着他们成长的印记,被时间洗刷后不仅没有抹去,而且越发清晰。不可否认,南宁人对中山路的感情是深厚的,问题是我们能否从这些情感故事中找寻文化内涵?比如“舒记”“复记”“仙池”“昌记”所体现的奋斗精神,“老友粉”蕴含的南宁人“互相帮衬”的传统,热衷无拘无束的用餐环境表达出的南宁人自由、休闲的生活方式。其实,文化一直存在着,只是需要耐心找寻罢了。

关于南宁中山路历史文化研究,除了上述提到的不足,还存在不少盲点,像南宁中山路相对其他城市的中山路有何特色?“中山路”的命名对南宁城市发展有何影响?总之,南宁中山路的研究有待进一步深化。

三、南宁中山路历史文化研究的策略

南宁中山路历史文化研究尚有许多空白需要填补，笔者认为可从两个方面着手研究。

一是整理现有的历史文献资料。如笔者由于拍摄中山路纪录片的需要，根据《邕宁县志》《邕宁文史资料》《南宁市志》《南宁文史资料》《南宁史料》《南宁解放》《南宁之最》《街市风情：南宁街道文化寻踪》《南宁旧事》《南宁风物志》《广西妇女运动史》等文献，大致整理了清末至二十世纪八十年代中山路的部分历史。笔者将清末、民国间的中山路历史概括如下。

经济方面：中山路因为人烟聚集的洋关码头而繁华起来，逐渐形成集渡口、闹市、当行、菜市等非常兴旺的街道。清光绪三十四年（1908），南宁第一家织布厂——荣德织布厂在保爱路一里（即今中山路尾）开业。

政治方面：清宣统二年（1910）成立的宣化县自治筹备会，及民国元年（1912）1 月成立的南宁府自治会，会址均在南宁城区南门大街；民国十八年（1929）初，中共党员雷经天等人在中山路 96 号开设“光昌汽灯店”，实为中共广西特委机关，邓小平领导广西革命工作时常到特委机关研究工作；1946 年 2 月 27 日，广西首届县参议会成立，参议会址即在今中山路 188 号。

医疗方面：清光绪三十二年（1906），英国祁理扶夫妇来南宁传播基督教，在中山北路建立祁理扶医院，又叫道救医院，这是南宁较早的西医医院；民国三十一年（1942）冬，南宁第一家公立中医诊疗机构——广西省立医药研究所附属医院在中山路成立；三十年代至南宁解放前，专治温热病的名医，也是广西医药研究所（今自治区中医学院）的创始人——刘惠宁，曾在中山路开设诊所；专治眼疾的著名中医梁顺泉也曾在中山路开诊；当时最有名的中药店西万盛和百福堂，彼此竞争，均在中山路设有分店。

教育方面：清道光二十三年（1843），知县柳济清在城东南西北所设的社学被合并为一所，地址在南门街昭忠祠（今中山路 188 号）；清宣统元年（1909）2 月，南宁第一所女子初等小学堂在马草街观音堂（今中山路北段）成立；民国元年（1912）5 月，官绅黄锡康等人在正谊书院（即原昭忠祠）开办岭南法政学校；民国二十年（1931），广西省第一妇女工读学校搬迁至正谊书院；民国二十二年（1933）8 月 1 日，邕宁县民众教育馆在县参议会旧址开馆；民国二十二年（1933）3 月，广西省民众教育馆在南宁体育场右侧建立，在中山路等处开设图书借阅点；民国二十四年（1935），中山路南、北段分别建有临江镇中心国民基础学校和明德镇中心国民基础学校；民国三十六年（1947）3 月，全省美术展览会在模范镇表证中心学校（今中山路北段小学）展出。

文化与新闻出版事业方面：清光绪三十四年（1908），共和戏园在南门大街（今中山路南段）建立；民国十年（1921），广西最早官办铅活字印刷厂——广西官书局，改名为“广西印刷厂”，厂址设在中山路旧马草街；《民风报》《农商日报》《更声报》《正言报》等报刊曾在中山路开设报馆。

可以说，解放前的中山路，政治、经济、医疗、教育、文化等荟萃一堂。解放后，中山路依然扮演着重要角色：1950 年 6 月 24 日，原广西省第二图书馆、科学教育用品社合并成南宁人民文化馆，馆址设于原科学教育用品社（今中山路北段小学）内；1950 年至 1952 年

4 月，南宁市总工会筹备委员会设在中山路 188 号；1952 年 8 月，市政府在中山路北段增设市第四幼儿园；1953 年夏，中国影片经理公司中南区公司华南分公司广西办事处由柳州迁至南宁中山路 228 号，从此南宁不用到柳州提取影片；1970 年 5 月，南宁市文艺工作团（即南宁市艺术剧院）进驻中山路原市文化馆旧址；1979 年，广西广播电视大学南宁市分校成立，设在中山路北段；1985 年 10 月 15 日，南宁市中山路北段小学试办弱智儿童辅读班，成为南宁市第一所开办弱智儿童教育的学校。

通过现有资料的分析，笔者对南宁中山路有了更加清晰的认识，说明资料整理的重要性。当然，以上笔者所整理的资料只能反映当时的部分情况，完整梳理中山路的文脉，还要查阅大量的资料，比如民国期间的报刊。

二是重视口述历史的研究方法。所谓口述历史，就是一种搜集历史的方法，通过录音、录像等现代化手段，向能提供历史见证的当事人进行调查采访，然后对所得资料进行整理变成书面形式的口述史料。美国口述史家唐诺·里齐指出："访谈的录音（影）带经过制作抄本、摘要、列出索引这些程序后，储存在图书馆或档案馆。这些访谈记录可用于研究、摘节出版、广播或录影纪录片、博物馆展览、戏剧表演以及其他公开展示。"[①]口述人亲身经历或目睹了历史事件，这就使材料比较真实可靠而且形象生动，因此口述历史在社会学、文学和其他人文学科中得到了广泛的运用。

笔者以为，南宁中山路的研究也可以采用口述历史的方法。由

① 唐诺·里齐：《大家来做口述历史》，王芝芝译，台北：远流文化事业公司，1997 年，第 34 页。

于资料的局限性，很多历史问题无法得到考证，但是我们可以通过采访当地老居民进行了解。著名主持人崔永元曾说："我特别想看当年对梅兰芳、程砚秋、尚小云等京剧名旦的采访，或者他们的口述记录；想听侯宝林先生讲讲最早的相声是怎么演的、演的都是什么段子、后来又怎么改变……全都没有。我参观过日本、美国、加拿大的相关机构，我们的'口述历史库'甚至比不过人家的一个大学。我们的 GDP 赶超了别人，但对历史的敬重、敬仰、尊重、珍爱，却比不过别人！为什么大家不觉着这件事丢人呢？为什么不为这事发愁着急呢?!"①所以，崔永元近十年都在致力于口述历史的研究，纪录片《我的抗战》，是一部抗战老兵的口述史，采访 3500 人，搜集老照片 300 万张，感动了千万观众，在全球华人纪录片互联网盛典中获得"2010 年度卓越贡献纪录片奖"。抗战老兵的回忆，使我们对那段历史有了更深的理解。那么，要全面深入了解中山路历史文化的变迁，口述历史未尝不是很好的途径。

《中山路一家人至今传承着扎制手工花灯的技艺》一文指出："早先在中山路一带制作传统花灯的还有几位老艺人，他们的手艺都很好，做出来的花灯各具特色。但随着岁月的流逝，中山路上如今只剩下梁老伯一家人还在制作传统花灯。"②伴随着时间的推移和时代的变化，老艺人的技艺也许会逐渐生疏，如果不及时记录，传统技艺如何传承？老居民的记忆也会逐渐淡忘，那中山路的历史如

---

① 肖执缨、童立志：《崔永元：口述历史不以金钱论英雄》，《羊城晚报》2010 年 9 月 29 日，第 B01 版。

② 巫冬华、卢靖：《中山路一家人至今传承着扎制手工花灯的技艺》，广西新闻网，网址：http://www.gxnews.com.cn/staticpages/20091004/newgx4ac8ac40-2319393.shtml，2009 年 10 月 4 日。

何了解？由此可见，研究中山路历史文化不仅是必要的，而且是迫切的。

每一条中山路都是中国走向现代化的历史见证，洋溢着浓郁的文化气息，是城市文化的符号之一。南宁中山路也不例外，有着悠久的历史和斑斓的文化，但是我们当前对其缺乏足够的研究。为了中山路的文化长远流传，也为了更好建设南宁历史文化名城，我们需要深层次探讨中山路。至于研究的路径，可通过整理现有资料、口述历史等方法来挖掘新的史料，从而完整勾勒中山路的历史脉络，充分展示中山路的文化魅力。

参考文献

一、著作

1.庄周:《庄子》,太原:书海出版社,1997 年。

2.班固:《汉书》,北京:中华书局,2007 年。

3.刘向撰,向宗鲁校证:《说苑校证》,北京:中华书局,1987 年。

4.陆游撰,李剑雄、刘德权点校:《老学庵笔记》,北京:中华书局,1979 年。

5.邝露:《赤雅》,北京:中华书局,1985 年。

6.仇兆鳌:《杜诗详注》,北京:中华书局,1979 年。

7.程伟:《经济全球化与经济转轨互动研究》,北京:商务印书馆,2005 年。

8.唐任伍:《"扶强抑弱"的全球化规则研究》,北京:北京师范大学出版社,2006 年。

9.缪家福:《全球化与民族文化多样性》,北京:人民出版社,2005 年。

10.方铁、何星亮:《民族文化与全球化》,北京:民族出版社,2006 年。

11.李准:《全球化浪潮中的民族文化》,北京:中国文联出版社,2006 年。

12.中华孔子学会、云南民族学院编:《经济全球化与民族文化多元发展》,北京:社会科学文献出版社,2003 年。

13.[美]威尔伯·施拉姆、威廉·波特:《传播学概论》,北京:北京大学出版社,2007 年。

14.[美]M.麦库姆斯:《议程设置:大众媒介与舆论》,郭镇之、徐培喜译,北京:北京大学出版社,2008 年。

15.李彬:《传播学引论》,北京:新华出版社,2003 年。
16.郭庆光:《传播学教程》,北京:中国人民大学出版社,2011 年。
17.朱菁:《电视新闻学》,杭州:浙江大学出版社,2001 年。
18.龙耘、朱学东:《走向 21 世纪的中国电视台长、专家访谈录》,北京:北京广播学院出版社,1998 年。
19.吕新雨:《纪录中国:当代中国新纪录运动》,北京:生活·读书·新知三联书店,2003 年。
20.曹顺庆、熊兰编:《走向新世纪:四川大学校庆一百一十周年文学与新闻学院纪念文集》,成都:四川大学出版社,2006 年。
21.何香凝美术馆编:《人文之声:何香凝美术馆学术讲座集粹 1997—2007(上)》,广州:岭南美术出版社,2008 年。
22.[英]安东尼·吉登斯:《现代性与自我认同》,北京:生活·读书·新知三联书店,1988 年。
23.[美]欧文·拉兹洛:《多种文化的星球》,北京:社会科学文献出版社,2001 年。
24.王鉴:《中国少数民族教育政策体系研究》,北京:民族出版社,2011 年。
25.夏铸、谭志松主编:《全面提高民族教育质量,促进民族文化传承与发展》,北京:民族出版社,2010 年。
26.冯增俊:《教育人类学》,南京:江苏教育出版社,2001 年。
27.方素梅:《近代壮族社会研究》,南宁:广西民族出版社,2002 年。
28.潘其旭:《壮族歌圩研究》,南宁:广西人民出版社,1994 年。
29.梁庭望:《壮族文化概论》,南宁:广西教育出版社,2000 年。
30.梁庭望:《中华文化板块结构与中国文学关系研究》,北京:民族出版社,2011 年。
31.梁庭望、柯琳:《中国南方少数民族宗教》,西宁:青海人民出版社,2011 年。
32.罗岗生、李莲芳编:《刘三姐研究资料集》,南宁:广西人民出版社,2007 年。
33.邓凡平选编:《刘三姐剧本集》,南宁:广西民族出版社,1996 年。

34.陈星、范静:《山歌唱出十个亿:〈印象·刘三姐〉幕后的故事》,北京:西苑出版社,2011年。
35.陈丽琴:《壮族服饰文化研究》,北京:民族出版社,2009年。
36.钟涛:《苗绣苗锦》,贵阳:贵州民族出版社,2003年。
37.杨正文:《苗族服饰文化》,贵州:贵州民族出版社,1988年。
38.龙光茂:《中国苗族服饰文化》,北京:外文出版社,1994年。
39.祁春英:《中国少数民族服饰文化艺术研究》,北京:民族出版社,2012年。
40.刘晓红编:《广西少数民族服饰》,上海:东华大学出版社2012年。
41.玉时阶编:《濒临消失的广西少数民族服饰文化》,北京:民族出版社,2011年。
42.於贤德:《民族审美心理学》,海口:三环出版社,1989年。
43.庞秀明:《下四府粤剧》,广州:岭南美术出版社,2009年。
44.陈守仁:《香港粤剧研究》(上卷),香港:广角镜出版社,1988年。
45.广西壮族自治区文化厅:《第一届广西戏剧展览会资料汇编》,南宁:广西壮族自治区文化厅,1984年。
46.广西壮族自治区文化厅:《第二届广西戏剧展览会资料汇编》,南宁:广西壮族自治区文化厅,1987年。
47.吴浩、张泽忠:《侗族歌谣研究》,南宁:广西人民出版社,1991年。
48.张泽忠、韦芳:《侗歌艺术传承研究》,北京:民族出版社,2010年。
49.杨尚荣、韦芳:《款嗓嘎:文化生态视野中的侗族歌师与歌论》,南宁:广西人民出版社,2012年。
50.朱慧珍、张泽忠等:《诗意的生存——侗族生态文化审美论纲》,北京:民族出版社,2005年。
51.杨尚荣等:《三江文艺60年作品选集》,南宁:广西人民出版社,2012年。
52.薛进军:《低碳经济学》,北京:社会科学文献出版社,2011年。
53.雷鹏:《低碳经济发展模式论》,上海:上海交通大学出版社,2011年。
54.杨志、张欣潮、贾利军等:《生态资本与低碳经济》,北京:中国财政经济出版社,2011年。

55.[英]戴伦·蒂莫西、斯蒂芬·博伊德:《遗产旅游》,程尽能译,北京:旅游教育出版社,2007 年。
56.南宁市社会科学院编:《咨询与决策:南宁市 2007 年度哲学社会科学重点课题研究成果选》,南宁:广西科学技术出版社,2008 年。
57.《现代汉语词典》(第六版),北京:商务印书馆,2012 年。

二、论文

1.陈玉峰:《论全球化背景下民族文化的发展》,《前沿》2010 年第 16 期。
2.俸代瑜:《瑶族文化多元一体特点浅析》,《广西民族研究》1993 年第 4 期。
3.朱慧珍:《广西各民族文化共生态势及其形成》,《广西民族学院学报》2004 年 1 期。
4.朱慧珍:《草庙历史与风俗考析》,《广西民族学院学报》1998 年 1 期。
5.王彦达、魏丽、马兵:《民族文化的现代化是少数民族文化传承的趋势》,《满族研究》2005 年第 2 期。
6.张泽忠:《民族间的文化相遇》,《社会科学战线》2012 年第 8 期。
7.陈金文:《壮族民间故事〈妈勒访天边〉的文化解读》,《贵州民族研究》2006 年第 1 期。
8.黄伟林:《山水与艺术的完美结合:大型山水实景演出〈印象·刘三姐〉策划记》,《当代广西》2006 年 12 期。
9.邹坚:《从"印象·刘三姐"谈大众音乐与新兴文化产业发展的新思维》,《中国音乐》2009 年 4 期。
10.王兆椿:《悼念曾宁》,《南国红豆》2008 年第 3 期。
11.李建平:《粤剧发展刍议》,《歌海》2009 年第 4 期。
12.毛小雨:《粤剧:广东广西两重天》,《中国文化报》2013 年 6 月 4 日。
13.黄宪:《嘹歌的腰脚韵及衬词研究》,《歌海》2008 年第 5 期。
14.魏静、徐时程:《服装褶纹的变化与应用》,《宁波服装职业技术学院学报》2002 年第 2 期。

15.高雪:《从“十字绣现象”看当代装饰艺术与公众参与》,《艺术教育》2009 年第 2 期。
16.岑博雄:《北海涠洲岛生态旅游开发的基本思路》,《旅游学刊》2003 年第 2 期。
17.彭静:《海岛旅游开发的社会文化影响研究:以广西涠洲岛为例》,《旅游论坛》2012 年第 5 期。
18.彭静:《北部湾涠洲岛地名文化研究》,《广西师范大学学报》2012 年第 3 期。
19.黄炅:《京族文化与特色旅游经济融合发展》,《合作经济与科技》2011 年第 10 期。
20.陈丽琴:《京族民间文艺与自然生态》,《钦州学院学报》2012 年第 2 期。
21.杨秀波:《近年来关于中山路的研究综述》,《高校社科动态》2010 年第 3 期。
22.李丽:《追寻我们的文化记忆》,《南国早报》2013 年 5 月 18 日。
23.沈静:《文非遗保护:过度物质化之忧》,《工人日报》2009 年 6 月 14 日。
24.黄玮:《文化遗产是国家和民族凝聚力的标志和象征》,《解放日报》2006 年 6 月 9 日。
25.唐文静:《拍纪录片的云南农民》,《生活新报》2009 年 12 月 23 日。
26.李丽:《“再不‘抢救’就晚了”》,《南国早报》2013 年 5 月 27 日。
27.李丽:《向大学生抛出“橄榄枝”》,《南国早报》2013 年 6 月 19 日。
28.王磊、朱适:《纪录片收视份额连续两年增 55%》,《文汇报》2013 年 7 月 22 日。
29.陈汉元:《浮躁的后果不只是平庸》,《文汇电影时报》1995 年 10 月 14 日。
30.赵斌:《川籍学子拍川剧纪录片获大奖》,《成都日报》2011 年 11 月 11 日。
31.王文:《校园兴起纪录片创作热》,《鲁东大学报》2011 年 4 月 20 日。
32.鞠忠武:《大学生为“皮影世家”拍摄纪录片》,《滕州日报》2011 年 2 月 14 日。
33.李绿江:《百年窗口 府门口与中山路》,《南宁日报》2008 年 5 月 29 日。
34.巫冬华、卢靖:《中山路一家人至今传承着扎制手工花灯的技艺》,广西新闻网,2009年10月4日。
35.肖执缨:《崔永元:口述历史不以金钱论英雄》,《羊城晚报》2010年9月29日。
36.石峰:《侗族河边情歌特点及月堂对歌考察评述》,黎平县政协《社会主义新农村建设与文化遗产保护论文集》2008年第3期。
37.三江侗族自治县民语委《侗文专刊》。

三、学位论文

1.王艺茜:《我国大学生DV作品题材现状分析与前景思考》,东北师范大学2012年硕士学位论文。
2.黄振宁:《广西城市骑楼街区保护与改造——以南宁、梧州为主要例证》,华中科技大学2005年硕士学位论文。
3.梁冬平:《夹缝中的夜市——对南宁中山路的研究》,广西民族大学2007年硕士学位论文。
4.周梦:《苗侗女性服饰文化比较研究》,中央民族大学2010年博士学位论文。
5.尹红:《广西融水苗族服饰的文化生态研究》,中国美术学院2012年博士学位论文。

后记

我是一个生在广西,长在广西的纳西族。我虽然热爱自己的故乡,热爱自己的民族,但是我对广西的熟悉了解超过对我的故乡云南丽江的了解;我对壮族的熟悉了解也超过对纳西族的了解;广西的各种米粉、粽子、糍粑都是我的最爱。我在广西民族大学任教三十多年,经常接触各民族学生,我从他们那里了解到壮、侗、苗、瑶等各民族的文化、宗教、风俗民情,跟各民族学生结下了深厚的友谊。

我的教学、研究原来一直局限在古代文学,1995 年我给学生讲授汉乐府民歌《陌上桑》,在分析罗敷形象时,感觉罗敷的聪明、智慧、风趣、幽默与壮族的刘三姐极为相似,产生了将两个人物进行比较的想法。于是我找来了有关壮族的通史、文化概论、歌圩及刘三姐的资料三十多种进行阅读研究,写出了《〈陌上桑〉与壮族民间故事〈刘三姐〉之比较》,此文发表在当年的《民族文学研究》第 4 期,之后我又陆续写了几篇有关刘三姐的文章,都发表在《民族文学研究》,慢慢地我把自己的研究从古代文学拓展到民族文学。2003 年我应台湾师范大学邀请赴台北参加了"海峡两岸少数民族文化与观光休闲学术研讨会",我的研究又拓展到民族文化与旅游方面。沿着这样的研究方向一路走过来,至今也有二十年了,无论是在民族文化的知识储备,还是研究经验上都有了较好的积累,2011年我申报广西哲学社会科学课题项目《经济全球化背景下的广西民族文化传承与发展策略研究》获得立项,应该说是水到渠成。

我们这个课题组的成员全是女将,除我而外,其他人都是年轻的80后博士、硕士,有6人分别来自广东、山东、天津、河南、山西,她们虽然是汉族,但是她们热爱广西,热爱广西丰富多彩的民族文化。她们善于广博地学习和吸收各学科的理论和知识,思维活跃。在课题讨论交流中她们的发言常闪现出智慧的火花,尤其在“策略”方面,她们能将民族文化的传承发展与当前青少年、大学生联系起来,从大学生兴趣爱好的转移、培养,到大学生从事民族文化工作的择业、就业问题,非常具体和有针对性,这些建议对政府有关部门确实有启发和借鉴的意义。在田野调查中成员们吃苦耐劳,克服语言上的障碍和生活上的困难,走村进寨,对村民、村干部做认真的观察和访谈,尤其是来自山东的徐秀红,几次下到三江、融水作田野调查,收集了大量侗族、苗族文化的第一手资料,为她的课题研究及她的毕业论文打下了坚实的基础。

课题能够顺利完成,首先,要感谢课题组全体成员,感谢大家的团结协作和任劳任怨的付出。其次,要感谢在田野调查中给予我们帮助的各地干部、教师、演员和村民,尤其感谢我的95级学生黄瑞吉、戴菊星,09级的学生吴平欢,是他们的帮助使我们在宜州、融水、三江的田野调查收获很多。

我们的论文集的出版,还要感谢我的老师,中央民族大学原副校长、博士生导师梁庭望教授,梁老师应我们要求,欣然为文集写序。其次,要感谢广西民族大学文学院韦树关院长的关心和支持,感谢“广西民族文化保护与传承研究中心”在出版上给予经费资助。最后要感谢广西师范大学出版社的赵运仕老师、曹磊编辑的帮助，他们热情、诚恳待人、敬业、高效的工作态度令我感动和难忘。

由于我们才疏学浅，论文集虽经修改，错误和不当之处在所难免，衷心希望得到同行专家及读者的批评指正，不胜感激！

杨宁宁

2015年1月28日于广西民族大学